U0829901

中国梦引领下的大学生创新教育系列丛书

走出象牙塔　文传学霸

曾　瑜　主编

天津大学出版社
TIANJIN UNIVERSITY PRESS

图书在版编目（CIP）数据

走出象牙塔 文传学霸 / 曾瑜主编. --天津：天津大学出版社，2017.4

（中国梦引领下的大学生创新教育系列丛书）

ISBN 978-7-5618-5814-1

Ⅰ.①走… Ⅱ.①曾… Ⅲ.①大学生—先进事迹—成都—现代 Ⅳ.①K828.4

中国版本图书馆 CIP 数据核字（2017）第 084006 号

出版发行	天津大学出版社
地　　址	天津市卫津路 92 号天津大学内（邮编：300072）
电　　话	发行部：022-27403647
网　　址	publish.tju.edu.cn
印　　刷	天津泰宇印务有限公司
经　　销	全国各地新华书店
开　　本	169mm×239mm
印　　张	13.75
字　　数	321 千
版　　次	2017 年 4 月第 1 版
印　　次	2017 年 4 月第 1 次
定　　价	28.00 元

编 委 会

顾　问： 毛建华　傅仕彬　杨　骊

主　编： 曾　瑜

副主编： 王婧瑜　张　琳

序
Preface

四川大学锦城学院是一所只有11年历史的年轻高校，而近几年，四川大学锦城学院文学与传媒系毕业生的考研、留学率却高达10%以上，备受社会关注。

文学与传媒系在打造技术型文科人才的过程中，注重培养和鼓励学生考研深造。在文传系的8届毕业生中，考上国内研究生的有233名，留学深造的有109名，其中还有8位毕业生获得国内外高校博士录取通知书，有7位已经是国内外高校在读博士，他们是学院和系教学培养的典范。文传系希望把他们的故事用文字记录下来，来激励更多有求学梦想的文传学子成为“学霸”。

全系师生集思广益，共同策划了这次追访项目。我们集聚一部分有一定写作功底的在校生，通过老师指导，对已经毕业的创业校友进行追踪报道，了解他们毕业之后的生活轨迹，追踪他们在创业路上的成长历程，以此来检验我们的教学成果，最终编写出《走出象牙塔　文传学霸》一书。

本书讲述了四川大学锦城学院文学与传媒系通过特色培养，培养出了一大批考研、留学的优秀毕业生，他们代表着锦城学子、文传学子的拼搏与进取，代表着四川大学锦城学院培养的“高素质、复合型人才”。文学与传媒系培养的“技术型文科人才”已被社会认可，是学院“一体两翼”的践行者。在这些考研、留学的毕业生中，最早的已离开学校8年，在毕业的这些年中他们经历了怎样的成长与蜕变，如今身在何处，职于何位？书中包括了我系2005级至2012级毕业生求学路上的发展状况和校内外的经历，记录了他们走出锦城象牙塔之后的成长轨迹和心路历程以及他们心中、眼中四川大学锦城学院的11年。从文集中会看到一幕幕充满欢笑的校园生活场景，一段段温馨感人的同窗故事，一个个“学霸”成长记和打拼史。优秀校友们的故事与经历也在影响采访的同学和读者，他们开始思考大学的意义，思考毕业的去向。

2016年，四川大学锦城学院迎来了自己的第12届新生，谨以此书献给文传系考研、留学的毕业生们，这既是对他们求学之路的见证，也是对文传学弟学妹们的激励！

四川大学锦城学院文学与传媒系　编者

2016年10月

目录

Contents

第一编　学海无涯　止于至善

予也大道之行者　// 002

——访美国华盛顿州立大学博士何亚虎

执笔：2014 级汉语言文学专业汤成米

我只承认由自己书写的命运　// 012

——访美国西北大学、四川大学联合博士王婧雅

执笔：2015 级广告学专业钟坤靓

非凡源于内心的“贪婪”　// 019

——访四川大学博士付文尧

执笔：2014 级行政管理专业潘羽墨

不求与人相比，但求超越自己　// 028

——访四川大学博士徐艺心

执笔：2015 级新闻学专业王海燕

坚持就是胜利　// 036

——访西南大学博士金心红

执笔：2015 级汉语言文学专业杜宣汝

心向远方　孑然前行　// 044

——访浙江大学博士张钟萄

执笔：2014 级行政管理专业涂文华

我喜欢的是自己眼中的自己　而不是别人眼中的我　// 054

——访曼彻斯特大学硕士杨昭诗

执笔：2015 级网络与新媒体专业杨皓钦

心不退转　功不唐捐　// 063

——访 2015 级四川大学宗教学博士刘金成

执笔：2014 级汉语国际教育专业胡育凡

第二编　博学于文　化成天下

从锦城学院走进北大校园　// 072

——访北京大学研究生王林琳

执笔：2012 级新闻学专业秦天

岁月如河　流向远方　// 080

——访电子科技大学硕士何流

执笔：2014 级汉语言文学专业汤成米

锦城学院　梦想起航的地方　// 091

——访四川大学硕士仲杰

执笔：2013 级行政管理专业杨烃

勿忘初心　过自己喜欢的生活　// 99

——访北京外国语大学硕士曾韵

执笔：2014 级汉语国际教育专业王雨婕

以目标设计人生方向 // 106

——访四川大学硕士徐聪林

执笔：2014 级汉语言文学专业邓慧琳

人生如落叶　顺其自然　随遇而安 // 115

——访香港中文大学硕士钟雨霄

执笔：2013 级行政管理专业杨烃

乘风破浪终不悔 // 124

——访北京师范大学硕士丁斯菲

执笔：2014 级汉语言文学专业李柯薪

向往平淡却不甘于平凡 // 131

——访复旦大学硕士黄雪菲

执笔：2014 级行政管理专业陈集羽

愿有岁月可回首 // 140

——访香港浸会大学硕士黄蕾瑾

执笔：2013 级行政管理专业魏周思宇

莫让现实阻碍了你 // 148

——访香港教育大学、香港中文大学双硕士唐疏彤

执笔：2015 级网络与新媒体专业杨皓钦

听见花开的声音 // 157

——访四川大学硕士李欣儒

执笔：2014 级行政管理专业陈集羽

止于至善的考研者 // 165

——访华中师范大学硕士伍俊宇

执笔：2014 级汉语言文学专业邓慧琳

厚积薄发　岁月宏欢 // 173
——访四川省社会科学院硕士魏宏欢
执笔：2014 级汉语国际教育专业胡育凡

悠悠历史　以梦作诗 // 179
——访四川大学硕士姜思旭
执笔：2013 级行政管理专业魏周思宇

考研是一张去悉尼的机票 // 186
——访悉尼大学硕士杨若兰
执笔：2014 级行政管理专业彭梵

把学习当作一种习惯 // 192
——访暨南大学硕士魏海童
执笔：2014 级行政管理专业彭梵

秦天晴天 // 199
——访四川大学硕士秦天
执笔：2015 级新闻学专业王海燕

后　记 // 207

01

走出象牙塔 文传学霸

第一编　学海无涯　止于至善

博士一衔，自六朝始有之。秦汉时，博士是掌管书籍文典、通晓史事的官衔。尔后，博士渐成于学术上专通一经或精通一艺、从事教授生涯的职衔。20世纪80年代，我国正式建立硕士、博士学位制，博士则成为我国现行学位体系中的最高学位。

可见，无论古今中外，博士始终代表着站在知识象牙塔顶端的精英，他们是智慧与能力的象征，是大多数人可望而不可即的梦想，是引领国家先进文化与生产力发展的开拓者。

四川大学锦城学院文学与传媒学院建院十一年，毕业学生八届，第一届毕业生离开母校仅7年，已走出了八位获得或正在攻读博士学位的校友。他们是锦城学院坚持“一体两翼”知识教育的培养硕果，更是锦城学子坚持终生学习，践行母校校训，追求卓越，止于至善的具体表率。

他们中有放弃工作，重回书斋，追寻学术梦想者；有备战数载，拜入师门，潜心深造者；更有而立之年，远渡重洋，了却多年夙愿者。学海无边，书囊无底，他们深知以生之有涯随知之无涯常常举步维艰，却依然乘风破浪、坚持梦想、弦歌不辍，砥砺前行。

予也大道之行者

——访美国华盛顿州立大学博士何亚虎

执笔：2014 级汉语言文学专业汤成米

指导教师：傅仕彬

2005 级对外汉语专业：何亚虎

谈及已经过去的十年，在大洋彼岸的他，和昔日少年时一般坦然，他说："没有成功的感觉，也没有失败的感觉。"

2005 年，他成为四川大学锦城学院的第一批学子。

2011 年，他进入美国华盛顿州立大学硕博连读。他是锦城学院走出来的首位博士生。

他是何亚虎，四川大学锦城学院 2005 级对外汉语专业学生。十年求索，他享受孤独，却未曾寂寞。他一直往前走，不知道他是否找到了自己的答案。

不过他说："时间是一切的答案。"

新晴细履平沙

他或许不是一个哲人，但他一定是一个思考者。你越是靠近，越是能感知其精神之繁茂挺拔。他曾经的授课老师，四川大学锦城学院外语系系主任冯川教授这样评价他："颇有哲学家气质。"

他一直保持着阅读的习惯，他谈道："过去十年里大概平均一周读一本书。"

读书究竟有什么用处，这大概是每一个读书人的天问。何亚虎说："我读书的最重要的理由是，学会一种新的观看世界的方法。"他的阅读范畴十分广泛，哲学、心理学、宗教、经济学、政治学，甚至是一些理科的领域，他均有涉猎，而最喜欢的是精神分析。"这是一个基于观察而存在的世界"，世界是内心方式的一种投射，欲了解自己，必先了解这个世界。

当人们还在梦里南柯之时，他已向真理迈出更大的一步。

本科在读期间，他把大部分时间都献给了图书馆。

他昔日的同窗，现于文学与传媒系授业的赵丽蓉老师，回忆起何亚虎时，不禁感叹道："经常在图书馆碰见他。"对何亚虎而言，在锦城学院印象最深的事情，其一便是"广泛的阅读经历"。他对锦城图书馆丰富的图书资源十分赞叹，在良好的学习环境下，他得以不断突破自我。

他强调"哲学是众学科之母"。大二他便读完了罗素的《西方哲学史》、冯友兰的《中国哲学史》，当他发现文科生在逻辑思维方面需要打好基础时，大二的他便重新研读了高中理科教材。在大三大四，他又研读了一些大学哲学教材。

“我记得毕业的时候去锦城图书馆查资料，一共借阅了 250 多本书。四年来，图书馆也许是我花费时间最多的地方。”他注重对各领域知识的融会贯通，注重知识的积累和渗透，这也在他后期的托福考试中产生了极大的作用。

光简单的阅读还不够，读书常常有惑，这时何亚虎就不会再闷头前行，而是向老师请教。“他在课间和课后的时候就爱来和我交谈，当时我就觉得这个学生很有上进心。”冯川教授当时教对外汉语专业文学概论和西方文化这两门课，他提到何亚虎经常会问他与哲学、心理学相关的问题，并且很多都是学术方面的问题。他回忆起那时的场景，不禁微笑：“问问题的时候他都是一副若有所思的样子，他经常沉浸在自己的思考中。”

此外，何亚虎学长谈到“丰富的文化生活”是他在锦城学院另一项深刻的体验。他在大学期间参加的课余活动虽然不多，但每一个都使他获益良多。锦城学院坚持构建应用型人才培养模式，使学生所学不局限于纸上的文字。何亚虎当时所参加的辩论大赛与英语演讲大赛，都很好地提高了他的能力。

回首昨日之我，他说：“每一阶段感触都深，人在不同年纪面临不同的挑战和机遇。”

当时年少春衫薄

“他在大学二年级的时候就有自己的打算，对自己有比较高的期待，他比较早地有了自己的目标。”在冯川教授看来，何亚虎不是得过且过的那种学生，而是“他自己知道努力”。

在决定留学之初，英语是他面临的最大挑战，那段时间，他每日清晨在莫名塘边读英语。这种用压力逼迫自己学习的方式，终使他对英语产生了厌恶感。他停下脚步开始反思，才发现掌握学习规律、训练学习思维才是正确的途径。“读得多了，看得多了，自然会对语言的结构有更深的了解。”一方面他锻炼语感，多浏览英文报纸和网站，营造语言环境，而另一方面，则不断提醒自己勉力向前，在他看来，学习没有捷径。

针对中美文化差异，他提出“想要学好英语需要更加注重训练英语思维，而不要仅仅停留于英文本身”，同时他也希望学弟学妹能够重视英语的学习。

“学习是最不能用心急对付的东西。”他在学习之路上越走越远，心境却愈加从容不迫。彼时的他，还时常到较多外国人聚集的书吧与他人交谈，这对于性格偏于内向的他来说是一个很大的突破，并且他也渐渐乐在其中。他说：“这样不仅能够提高自己的口语能力，交到志同道合的朋友，而且能够从聊天中更多地了解外国人的思维方式并运用到口语考试当中，一举多得。”

他也曾有过灰暗的时刻，他坦言道：“最大的压力应该是不清楚自己想要什么。”诚然，自己是自己最大的敌人。他从大二便开始准备考托福。大三上学期时，沉重的学业负担和托福学习效率较低，使他一度进入瓶颈期。托福考了两次，成绩却都停留在同一水平。这很难使人不怀疑自己的能力，他也如此，后来竟怀疑自己是否适合出国留学，甚至消极到萌生了放弃的想法。但即使在这种时刻，他也依然保持着自律，极少熬夜，可见其心性之坚。后来的他，在反思这段时光时说：“幸好自己那个时候没有放弃，用自己的努力打败了最大的敌人——自己。”

他现在依然会遇到困难，比如当他发现“我能做的事情远远小于我估计我能做的事情”时，他会更多地去分析背后的心理因素，并理性地告诉自己：“积极发现自己的错误，珍惜每一个错误暴露的机会，每天进步一点点。”

在不学习的时刻，他会给自己放空的时间，以期恢复到更好的状态。他坦言自己在本科期间付出的努力比不上班上的一些同学，“懒惰”仍困扰着他。但是他却有着一套行之有效的学习方法，即“知识提炼和整合能力”，这是从锦城学院图书馆馆长王红兵教授那里学习到的。“80 后、90 后处于信息爆炸的时代，却也是最无知的时代”，对知识的选择与运用比单纯积累知识更为重要。

时光飞逝，恍然若梦，对他来说，青春没有什么特别的“挥霍”方式，他也和周围的同学一样，“饭局、看电影、打游戏”，最大的遗憾是“假期没有去各地旅游”。

他也从未觉得自己是成功的。在他眼中，“学习一直都是一种乐趣”，他独守着一份清静，长久地做着这样一件有意思的事情。他说：“真正使我感到快乐的事情都是一种潜在的实现过程，我知道做这件事情会使得我成为我自己。”

如同他劝诫友人那般：“耐得住寂寞，才守得住繁华。”

耐住寂寞的他，游荡于没有火光的黑夜，因寸寸靠近真理而感到无边的欢喜。

夜深忽梦少年事

“十几岁的时候比较孤僻。”他这样评价自己。

在岁月之河的另一端，我们可以依稀看见那个安静孤独的身影。“他参加活动比较少，大部分时间都是泡图书馆。”赵丽蓉老师谈道。

“他和其他同学有所不同，所以给我留下很深的印象。”冯川教授说，“何亚虎是一个比较内向的人，和当时班上活泼开朗的谢丽菁形成了很鲜明的对比，他身上最特别的地方就是，他比较听从自己内心的召唤，忠诚于自己，而不是追逐潮流和时尚。”

当他成为一个远行者，跋涉过山川与河流，终于有了一些改变。曾经的那个沉默少年，如今在修炼自我的路上，已步入了新的境界。他说：“最大的改变是更愿意去社交，和陌生人交谈，去适应陌生的环境。”

他对于社交，有自己的独特看法。“社交，在我看来，本质上是一种资源交换行为。”在他看过的书中，他最欣赏的是李笑来在博客中对建立人脉的看法——建立人脉最重要的是提高自己。他越来越自如地周旋于这个世界，通过挖掘自己来不断地与世界建立联系。

这种转变，是不断求索所产生的必然。

回想起初踏征程的那一刻，“拿到 offer 的时候心里的欣喜，让我误以为这是这么久的努力终于有的成果，能够松一口气了。但是到了美国才知道，其实这一切都只是个开始，迎接我的是更大的挑战。”

在国外学习的困难，首先是语言。他谈到能把英语学好的人，其身上一定存在着一种坚定的精神。当时的他尽管已经在国内做了充分的准备，但和以英语为母语的美国学生相比，依然差距甚大。在留学期间，一学期选择三至四门课程，除去各类论文写作之外，每周还有大量的阅读和写作任务，在学习难度加倍的情况下，他依然坚持了下来，“对于任何一门学问，兴趣都只能是敲门砖，若想深入研究下去，将会踏上一条枯燥艰辛的路，而在这条路上，坚持比爱好更重要。”

当被问及学习方法时，何亚虎说：“以自主学习为主，这也是博士课程的要求。”在两年的硕士研究生的学习中，他读了 200 多本书，并且也会通过读大量论文来充实自己，而读博士期间，语言早已不成问题。

此外，在他看来，比较重要的还有人际关系的建立。东西方交际文化差异比较大，更需要人不断地去体悟并运用于实践，这主要是提高自己对国外生活的适应能力，这样方能更好地融入新的文化环境中。

在经济全球化的今天，教育也越来越面向国际。现如今，留学已经成为一个普遍的现象。何亚虎谈道，留学生越来越多，这表明中国经济逐步发展，家庭和学生有了更多的选择。外出留学是有优势的，一方面，“留学人口众多，中国是美国留学生最大人口输出国，由此可以组织更多的人力资源”。而另一方面则体现在学习上，不同的文化背景会对问题有不同的看法，他在学习过程中也得到很多机会进行文化交流，而他所具备的中国背景正是一个优势。

作为从锦城学院走出来的首位博士生，这等光辉的履历使任何人都会对他的成功深信不疑。但他自己却觉得这仅仅是一个称号，没有什么特别的含义，他只是为一个更高远的目标奋斗。他依旧仔细地挖掘自我，学习他人，他说他在“慢慢成长”。他仍然觉得自己“千疮百孔”，他大量阅读，热爱美食，定时清洁环境，“环境、食物、思想，管理自己要从这三点入手”。对于成长，他有更多的理解：“我希望能在年轻时极力放大自我，成熟后慢慢消融自我，一涨一消，认识自己，看透自己。”

在他看来，成功的定义分为“超越同辈”和“超越自我”。但成功相较于探索自我，后者显然更为有意思。对何亚虎而言，他早已发现了人生中更多更美妙的乐趣。

回忆起他的大学时光，他十分感激文传系系主任毛建华教授对他的鼓励，当他表明自己想深造的想法后，毛教授说：“只要你认定了，你就去做。”

他深受激励，也如此行之，至今仍在不停地追求。

若是当初不选择出国的话，他说他应该会考国内的研究生，但是，当笔者问起“回过头来看看当年的自己，你觉得当初的选择是正确的吗”时，他依然十分坚定，从容答道：“正确。”

暗随流水到天涯

哈维尔的《狱中书简》中有这样一段话："我的上帝（如果我被迫要谈到他，这是我十分不情愿的）——必然十分抽象、十分模糊，没有什么吸引人之处。……他有时候是我的良心，有时候是我的希望，有时候是我的自由，有时候是世界之谜。"

他有信仰，但他的信仰从不与现实隔绝。信仰使他得救，并不使他虚无。他曾参加美国的志愿者组织培训，并由此产生了对社会运行规律的思考。他也经常关注时事，月旦评说社会焦点人物，这在他的豆瓣动态上经常可以看到，可见其内心不失使命和热忱。

锦城学院所强调的经世致用一直对他产生着影响。他专心于心理学研究，与世界前沿的研究成果接轨，同时，他也不忘立足于社会现实。

此外，在人生的道路上，他所执的态度是谦逊的，他谈到他已形成的生活态度，即"一方面向自己的内心探索，一方面与广大的社会连接"。

他保持着阅读与写作的习惯，从他发表的文章中，可以窥见他的精神世界，冷冽又不失温和。他热爱沉思与辩论，这使他的精神姿态愈发挺拔。而寂寞的求索使他心境清和，神思清朗。

总之，他说，这是他满意的生活。

他热爱生活，赵丽蓉老师说他是个"美食家"，"他在美国经常自己做中餐，可以看到他发的一些图片"。他喜欢做菜，也做了几年菜，后来慢慢对烹饪有了自己的理解。他说："开始的时候喜欢调味，用各种香料和佐料来做十八般变化。现在我觉得，大自然才是最好的厨师，最高级的烹饪是回到食物本身。"他也会打趣一下生活："买一口超贵的锅，可以强迫自己做菜。"

终不似，少年游

十年变迁，他记忆中的锦城校园也已变了模样。

2005 年，学校还很小，未铺地砖的水泥地、光秃的行道树，各项基础设施都不完善。那个时候，无论老师或是学生，都是艰难时期的开拓者。毛建华教授谈起那年，言语之中也满是感慨：“那个时候完全不像你们现在，没有什么迎新文化，就在一食堂那边报到，之后赶紧把他们送去军训，我们呢，就在二十天之内把路修好了，等他们回来之后，看见面貌一新的学校，每个人都很惊喜。”

但令人感动的是，彼时的他们，锦城的第一批学子，依然对未来的生活充满期待。

如今的锦城学院，拥有着完备的设施和多样的学生活动。在良好的学习环境中，还有优秀的学长学姐在前方为我们引路，作为后来者的我们，何其有幸。

“何亚虎是个很有追求的人。”毛爷爷这样评价他。一路走来，何亚虎学长秉承着学院“止于至善”的精神，不断探索新知。对于母校，他表达了对文传系老师们的感谢之情，在他看来，他如今的成绩和锦城学院优秀教师们的悉心栽培是分不开的。他对文传系不断改进的课程也保持着乐观的态度，他认为应用型的课程更有利于学生素质的培养。最后，他也希望学弟学妹们能珍惜这样良好的学习环境，一步一步去实现自己的梦想。

我对何亚虎的了解，有许多是来源于纸上文字的。我一向以为，了解一个人的气质，最直观的莫过于了解他的文章。他偶尔写下的文章，或关注人的内心世界，或关注人的信仰，其题材之广泛、议论之深刻、观点之新颖，使读者由衷为之倾倒。他的文章大多由理性编织，但也不乏抒情的时刻，他的议论有深度，他的抒情有气度。从文章中窥见的何亚虎，犹如一个最严苛的精神自律者，但却拥有最温柔的人间情怀。

十八九岁的时候，他是一个孤僻的少年，在锦城学院的图书馆里独自思索和考量。

如今的他，近三十岁，已近而立之年。青春的尘土早已被飞驰的汽车高高扬起，他在大洋的另一端，怀想少年。

数年一瞬。他说："时间是一切的答案。"

我只承认由自己书写的命运

——访美国西北大学、四川大学联合博士王婧雅

执笔：2015 级广告学专业钟坤靓

指导教师：肖捷飞

2006 级新闻学专业：王婧雅

如果不是看到照片里的女孩，我大概很难相信有“美女博士”这样一种存在。她，眼睛很大、瓜子脸、一头干练的短发，笑起来甜美得令人心醉，让人不禁想起那句“清水出芙蓉，天然去雕饰”。

她是王婧雅，四川大学锦城学院2010届新闻学专业优秀毕业生，先后在四川大学新闻学专业攻读硕士和博士，读博期间前往美国西北大学深造，目前以联合博士身份就读于美国西北大学。

当被问到自己是一个什么样的人时，她说：“我心里住了好几个不同的人。一个爱吃、爱穿、爱玩，一个在日常生活中情商很低，一个看事情很通透和理性，这大概就是传说中的‘分裂’吧。”

接触过程中，婧雅谦卑又亲切，没有因“女博士”“高学位”“学霸”等各种各样的标签而显露出一丝一毫的“高冷”。她回顾自己在锦城学院的数年时光，十分感慨：“那几年我过得真的很开心，也很充实，从懵懵懂懂到不断蜕变，明白了很多道理，学到了很多技能，还找到了自己的奋斗方向。对锦大，我充满谢意。”

我们没有什么不同

“前两天天气还热得很，今天就飘起了雪花。四月的芝加哥已经失去了理智，和‘热闹’的成都真是完全不一样，可我还是很想念成都的生活。”谈及过去的生活和学习，婧雅有些激动，“其实，刚刚踏进大学的时候，我并不知道我接下来应该做什么！”

高中毕业的王婧雅和大部分同龄人一样，对未来充满迷茫。那一年，作为成都四中的毕业生，她对自己的高考成绩并不满意，“所以那时候就挺天真地给自己立下了一个目标，我不仅要好好读大学，还要在大学毕业后继续学习深造”。这几乎是王婧雅初入大学时给自己设立的第一个也是最重要的目标。

在这样的目标下，王婧雅比很多同学更早地进入了状态，适应了大学生活。她每天认真听课、认真总结，成果立竿见影，一份份高分试卷、一张张荣誉奖状见证了她全部的执着与努力。

很多人都好奇学霸的生活是什么样的，是每天从宿舍到食堂的两点一线，还是带着厚重的眼镜终日“遨游”图书馆，又或是“两耳不闻窗外事，一心只读圣贤书”？

其实，王婧雅的“学霸”生活一点也不枯燥，她同样会因为一部新鲜出炉、炒得火热的电视剧而疯狂；她也喜欢在假期时挽着自己的闺蜜出去逛街；偶尔，她还会来一场说走就走的旅行。虽然成绩向来很漂亮，但她的世界真的和“书呆子”没有什么关系。

王婧雅从来不认为自己是那种通常意义上的学霸：“我上课总坐后两排，也没有参加过社团学生会，但老师讲的内容，我还是会认真地去听、去消化。我平时喜欢吃喝玩乐、梳妆打扮、追‘欧巴’、聊八卦，偶尔也会有点小小的懒惰，特别是大一、大二的时候，总以为自己有用不完的时间，青春够长，肆意挥霍，无比纯粹快乐，但我的目标一直在那里，我没忘记过。”每每被称为学霸，婧雅都会有小小的尴尬，“我和大家都一样啊，没有什么不同的”。

我愿为了我的目标头破血流

王婧雅很耐心地和笔者分享了她这些年来的求学历程，并且不止一次地向笔者强调了目标的重要性。

“对于一只盲目的船来说，所有方向的风都是逆风。”她总是告诫自己也提醒所有的后来人：“路怎么走，要早早做准备，抓紧时间，明确自己到底想要什么。”王婧雅评价自己是那种走一步，想十步的人。虽然一路上还是不可避免地走了一些弯路，但她一直很清楚自己的初衷。“我们的未来充满了各种各样的可能性，因此一定要想清楚自己到底想要什么，想过什么样的生活，人生目标是什么。如果一直盲目地乱窜，当有一天走入歧路时，再想要回去，就太难了，不是每一次选择都可以从头来过。”

对于女性而言，如果仅仅渴望一份平淡安稳的生活，完全可以找一份踏实的工作、一个好老公，过着相夫教子自得其乐的小日子，在学业上也没必要过多为难自己。但是，要想提高自己的素质；要想今后有更好的工作机会，要想站在更高的平台，那就必须严格要求自己，在学业上付出比别人更多的心血。这种付出和收获是成正比的，今后的工作环境、接触的人、眼界等各方面都会与普通的生活有天壤之别。对于男性而言，更是如此。社会本身要求男性承担的责任和义务就更大，现在的竞争也愈发激烈，如果不够优秀，怎么承担家庭的责任？谈及社会现状，王婧雅如是说。

她强调，无论选择考研还是留学都要早做准备，应届是备考最好的时机，没有经济压力也没有工作负担，可以全心全意地投入到复习中。很多人说工作之后再考一样的，但是她的亲身经历表明，工作后需要分心的事情太多了。她走过的弯路，希望不要有人重蹈覆辙。

王婧雅还特别重视英语学习。她说：无论考研、考博还是留学，英语都是硬性要求，每一年都会有一些学生因为英语的原因而与自己梦寐以求的机会失之交臂，这非常可惜。

下决心是一件很轻松的事情，持之以恒却很难。因为王婧雅一早就笃定要考研，因此做了很多准备。她长期坚持背单词，喜欢边看美剧边练口语、常常找机会练习英语对话，这些全都成为了婧雅的生活日常，可以说在真正的备考前，婧雅就为自己打下了很好的基础。

大学三年级是一个重要的分水岭，同学们都逐渐开始思考未来何去何从。有些人陷入迷茫，有些人悔不当初，有些人暗自窃喜家中已经安排好了一切。婧雅在大三伊始就已经着手考研。她的努力，是每一个人都能够清清楚楚看到的。王婧雅一直将考研视为自己必须达到的目标，特别是在后期复习时，下了狠心，开启了高强度的学习模式，每天的睡眠时间被压缩到了四个小时。那时候，她和许多研友一样，在学校留的自习室里备考，不分昼夜。一本本厚实的资料上，每一页都写满了密密麻麻的批注。“困的时候先是掐自己，实在不行就在桌子上趴十分钟，用手机定个闹钟，闹钟一响马上起来继续看书。”她说。那是她人生中第一次为了自己的梦想而努力拼搏：“当时备考和现在还是有很大的不同，系上还没有像现在这样完备的考研留学指导工作，只提供了几间自习室给学生们复习，大家都是自个儿复习自个儿的，全凭个人努力。”婧雅对现在文传系学生享受到的考研指导“一条龙服务”很是羡慕，她说：“你们是幸运的，拥有那么多资源，不仅有专门的老师做英语培训，还有一对一的指导老师，有这样好的条件，还有什么理由不好好把握呢？”

压力也可以转化为动力

“在社会普遍认知中，很多人都觉得女生不要太过好强太过拼搏，有份轻松的工作、美满的家庭即可。其实这两点我已经拥有，可是我却想要更多，年轻的时候不为理想不为梦想拼一拼搏一搏，难道等老了再来后悔吗？”

王婧雅是工作第一年就决心考博的。那时候她在锦城学院担任辅导员，恰逢工作最忙、事情最多的时候。同科室一位老师临近产期，后续工作全部交给了她，但她依然没有放弃自己的目标。同是文传系辅导员的刘武老师，谈起王婧雅的考博经历，也是由衷佩服，他表示：“辅导员的工作并没有大家想象的那么简单，是难以形容的烦琐和劳累，很难想象那时候她是怎么扛下来的。”

自婧雅决心考博的那天起，她就开启了另一种生活方式。白天上班，处理考研留学工作和毕业班的相关工作，除此之外的时间都用来专心备考，包括早上起床后到上班前的 1 ~ 2 小时，午餐时间和午休时间以及下班后到深夜。事实上这些时间常常因为加班而被占据，解决的办法只有一个：尽可能地压缩睡眠时间。那段时间，顶着双重责任的婧雅非常疲惫，压力也很大，她也曾想过放弃，但又不甘心，她总是追问自己："为什么那么累？我以后想要什么？"于是放弃的念头总是很快就打消。终于，功夫不负有心人，婧雅还是用她的坚持完成了自己的梦想。

她非常感谢文传系的肖捷飞老师和曾瑜老师等同事在那段最艰难的日子里给予她的莫大的鼓励和支持，让她可以有力量继续支撑下去。肖捷飞老师在接受采访时说："婧雅那段时光真的是超乎常人的辛苦，每天上下班途中都会用来复习功课、背单词，不放过任何可以利用的哪怕只是零碎的时间。晚上常常复习到深夜，她先生心疼她，劝她先休息，第二天再继续，她总是毫不犹豫地拒绝。"王婧雅说她的人生中有两次为了梦想拼尽全力，一次是考研，再一次就是考博。

自己的命运要自己书写

"对当时的状况不够满意，不愿自己的事业、学业在温水煮青蛙中得过且过。心中有个理想，有个对自己今后职业发展的渴望，想要实现，就必须考博。"谈到考博的初衷，王婧雅如是说。

从考研，到做辅导员，再到考博，这段一点都不轻松的旅程，王婧雅是一步一个脚印走过来的。

没有人可以做到每个决定都是正确的，她也有做错决定的时候。王婧雅将当初放弃继续深造的机会直接选择工作的那一步称作她人生中的一个"失误"。但之所以做出这样的决定，在彼时却又是顺理成章的。那时候她并非不愿继续学习，更多的是考虑到自己的家庭情况，想要更早工作，凭借自己的力量减轻一些父母的负担。她的本意是进入高校后当一个专职老师，但是在求职过程中发现仅仅拥有硕士研究生学历，即便是进入高校就职，也只能从辅导员做起。于是，她回到了梦想起航的地方，她的母校，四川大学锦城学院文学与传媒系，担任辅导员，一面负责日常学生的相关工作，一面负责考研留学的指导工作。

工作一段时间后，她开始反思自己当初所做的决定，渐渐意识到拥有一份高学历的重要性。现在的竞争越来越大，对个人学历和能力上的要求也越来越高。她反思道："我研究生时对工作和职业规划认识得不够清楚，放弃继续深造而选择先就业，在后来的工作中切实感受到要想实现我的职业目标，就必须获得更高的学历，更丰富的学术经验。每个人都有自己对生活和事业的想法，既然我之前的选择失误了一次，那么就需要靠自己的努力再绕回到自己的道路上。人要为自己的选择埋单。当然，这段旅程也没什么可后悔的，如果我没有这一年的工作经验，可能也不会那么深刻地认识到自己更适合的道路。虽然走了弯路，但好歹懂得止损，努力回到目标上来。"人生本就不是一帆风顺的，失误也好，挫败也罢，会让我们更加清楚地了解和感知到内心真正想要的是什么。在这一层面上，王婧雅很幸运，小小的弯路，帮助她看清了自己，"在我们面对未来的失败和困境时，也应该有这种直面的勇气和找到方向的信心。"

谈起国外的生活时，王婧雅总是口若悬河，滔滔不绝。目前的她，仍然在美国西北大学进修。留学的这一年，她感受到了另一种文化，欣赏到了另一种美景，打开了另一片视野，也体验到了国内外教育的差异。"出来以后才真正感受到国外大学教育与国内大学教育的不同。"她说，"国外的大学教育能学到很多东西，特别是思维上的开拓。如果我没有亲自去感受他们的教育方式，我可能只能一直做一只井底之蛙，沾沾自喜。"王婧雅希望有意留学的学弟学妹们都能好好努力，为接受更好的教育拼一把！

非凡源于内心的"贪婪"

——访四川大学博士付文尧

执笔：2014 级行政管理专业潘羽墨

指导教师：曾瑜

2006 级汉语言文学专业：付文尧

三毛说"当我们九十九岁的时候，想到这一生的岁月如此安然度过，可能快乐得如同一个没被抓到的贼一般嘿嘿偷笑。"也许她就是三毛口中所说的甘愿安然一生的芸芸众生中的一个，在老师眼里，她就像一个"不谙世事"的倔强女孩：家境一般，样貌平凡，没有特别的天赋，青春年少之时还"沦落"到一个如"施工现场"一般的大学，但十年后的今天，谁曾料想到当初那个普通女孩会蜕变成我们面前的这位四川大学文学与新闻学院艺术学理论专业的博士研究生，现任成都市委宣传部文艺处干部，她就是 2006 级汉语言文学专业的付文尧。

可以迷茫，请不要虚度

“Life would be too tedious if had no runs in it.” 生活若无波澜险阻，就会过于平淡无奇。

2006 年，是四川大学锦城学院开办的第二年，初次来到四川大学锦城学院，付文尧感觉到的更多的是打击。经历了十五年的求学，一直以来对于大学的憧憬和向往同四周凌乱“哐哐”作响的建筑机械一样，崩塌、破碎、散落满地。虽然十年前的教学质量与教学硬件不能与日争辉，但面前的这种“废墟”中挺起的一栋教学楼和宿舍楼显得格外引人注目和凄凉。当谈起初见“施工现场”般的四川大学锦城学院，付文尧似乎还有些怀念：到处是正在规划和修建的施工地点，明媚的“白宫图书馆”仍在修建，“爱转角商业街”只有散落的几家才“开张大吉”，至于食堂，是为了要继续生存下去而不得不去的地方。为了学生的安全，只有周末才能出校门的规定让新入学的同学们抓狂，说起娱乐方式，只有“自给自足”。

但大学时光有限，初入大学可以迷茫，但不要虚度。随着学校一栋栋建筑房屋的竣工，学校的学生也逐年增多。入学时学校给的“下马威”和日渐热闹的校园对付文尧并没有产生影响。她依然准时上课，做大量的复习，废寝忘食般地学习着英语，以至于十年后的今天，她当年的辅导员陈雷老师还对这个“性格开朗，有着良好学习习惯的”普通女生连连称赞。四川大学锦城学院，尤其是文学与传媒系，对英文水平的要求很高。关于英语的学习，付文尧说，作为一个有力的社会工具，首先要明确英文的学习是必须且不困难的。这实际上是一种积累的过程，只要愿意花费时间和付出精力，完全可以顺利通过 CET4 和 CET6。付文尧并非一个很有语言天赋的学生，但她从未对英语的学习感到苦恼。平日里闲暇时间她大多都在学习英语，并保持着每天40分钟的英语口语练习的习惯。现如今英语成为考研中一门决定去向的关键性学科。付文尧肯定地说道："在融入社会之际，当我们满心欢喜地去面试一个自己所喜欢的职位时，一定不要让'英语'成为求职路上的阻碍。"

如果愿意，你总可以掌握点什么

"Life is a horse，and either you ride it or it rides you." 人生像一匹马，你不驾驭它，它便驾驭你。

转眼间到了大学生活的尾声阶段。考研、出国、就业，成为了大家共同苦恼和难以抉择的问题。付文尧不同于众多"被迫"选择的同学，在对自我优势、劣势进行理性的分析和对兴趣爱好进行梳理后，得出自己属于典型的学术型的人，加之一直以来对自我的严格要求和强烈的求知欲望，使付文尧考研的信念更加坚定。但当时"出身"于"三本"院校的现实问题，让付文尧似乎有些犹豫：自己起点没有其他院校的学生高，也没有什么过人的天赋，平凡到可以瞬间被考研的人群队伍淹没。"她考研的时候也是下了很大决心的，因为当时我们还是三本，条件也没其他的（院校）好。"陈老师说道，"但是一定不要让对结果的忧虑充斥你的考研之路，否则，你将永远不会体验到其中的美好。"汪国真说过："我不去想是否能够成功，既然选择了远方，便只顾风雨兼程！"

提起当时考研的情形，付文尧现在回忆起来还充满着对文学与传媒系众多老师的感激之情。"我能考上理想的大学和专业，我的老师们功不可没。在锦城学院雄厚的师资、良好的教学环境中，文学与传媒系的老师为我们考研的同学排忧解难，老师们都尽最大的努力为我们提供考研的信息，提供考研的自习室，让我们不用每天清晨五点就争先恐后地抢占座位，而是把更多的时间和精力放在如何学习之中。”在很多知名度较高的院校，也不免出现师资力量参差不齐的现象，但在锦城学院这个温馨的小家庭——文学与传媒系中，同学们时时刻刻都能感受到老师的关心和关爱。能在这种环境下学习成长的同学可以充分地感受到来自同学、老师和朋友的支持，这样的大学生活才更为快乐和充满美好的回忆。

命运的舵盘掌握在自己的手里，大学的生活从锦城扬帆起航，是历经风雨、满载荣耀或者披荆斩棘，迎难而上抑或是云淡风轻、万里无云，想要暴风雨后的彩虹还是碌碌无为的一生，选择权都在自己的手里。

如果愿意，你总能掌握点什么。人生应该多思考的是“我要成为什么样的人”，而不是“别人希望我成为怎样的人”。若活在别人的眼中，评价褒贬不一，建议有好有坏，更会让自己迷失了最初的真心。不过我们不应过多在意别人的看法，不是每个人都会成为你的镜子。取其精华，舍弃糟粕，不断完善自己，才是最好的选择。不论生活还是学习，有时候会感觉很幸福，有时候会感觉很失落，患得又患失。岁月是无情的，所以有春夏秋冬，让你走过温暖，再体验寒冬，一半是火焰，一半是海水，就这样轮回着，每个人都会在经历幸福的同时也经历人生的痛苦，我们不想，却不得不前行；我们不想，却不得不选择；我们不想，却不得不拼搏！但不是每个人都会有选择的机会，在人生的十字路口，谁也不知道应该向哪里走，一般人，很可能都是在随波逐流，只尽心尽力做好自己的工作，安于现状，而起点的高低也可能会左右选择，曾经沧海难为水，除却巫山不是云。

不要看着别人的辉煌，脚下彷徨

“Life is a great big canvas, and you should throw all the paint on it you can.” 人生是一幅大画布，你应该努力绘出绚丽多彩的画卷。

提起考研的那段经历，付文尧说“那段时间对自己的身体和心理都是刻骨铭心的体验”。边说边为我翻出了当年自己写的一篇日记，“那是考研前一周写的，在考研复习的一年中，有迷茫的时候，消沉的时候，也有痛苦的时候。但最终我都受到自己引以为豪的乐观向上的态度的指引，还有家人和老师不断的鼓励和支持，才走出心中的迷宫，不断地看到前进的方向并且坚定不移地走下去。我很庆幸自己有这样的能力，时刻保持自律，能在自己陷入思想误区的时候拉自己一把。如果不是这样，我也坚持不到考研结束，也就没有今天的成就。”付文尧写道，“今天是我为考研奋斗的第366天。距离考试还有7天时间。当每天醒着就是看书早已形成习惯，一坐一上午也不会腰酸背疼时，当不小心得了看书强迫症，一出去玩就心存愧疚时，我的信念和坚持，也就化成动力，支撑着我前行。而信念坚持从何而来，我一直认为是刺激，外界源源不断的刺激。其实，就是比较，跟你周围的人比，跟自己比。有一种说法：当你和别人差距很小的时候，别人会嫉妒你，当你和别人的差距很大时，别人会羡慕你。而我觉得，羡慕与嫉妒，只会把你自己放在一个又卑微、又丑陋的位置。如何正确地认识自己和对待与其他人的差距，方法是将其看成是一种有利的刺激，让你意识到自己的不足，从而获得动力。对于比你好一点的人，你加把劲就能赶上；那些比自己强很多的人，只要敢想、敢做，当你的努力累积到一定程度时，追上他们又有什么不可能？

如果有时候你被自己弄得疲惫不堪，怀疑自己给自己压力瞎折腾是自讨苦吃，回头看一看自己，看看自己失去了什么，同时又得到了什么。你会发现，当你放弃那些枝枝叶叶，却使得你的主体更加茁壮时，满足感与自豪感也就油然而生了。”现如今这本装满泪水和汗水的笔记本，付文尧拿在手里显得如此小心翼翼，这是属于她一个人的回忆，那种喜悦和感动不是通过几页简单的文字可以刻画出来的，只有真正体验过考研的人才会懂得。

考研一直都是比高考更加辛苦的过程。高考的时候，懵懵懂懂的同学不知道自己想要什么，只是被家长和老师逼着要好好学习。虽然每天很辛苦，但是相比心却没那么疲惫。考研不一样，没有人逼迫你学习，只能靠自己不断地自律，不断地监督自己，给自己动力，给自己鼓励，调节好自己的心态。每一轮在越短时间内清理所有的知识点，就越能宏观地、全局地看清整个知识结构，遇题瞬间反应过来知识点的出处及套路。知识放久了就什么都没了，模糊一团根本没用，所以复习哪有什么时间走神，很多人，在考研的路上退缩了，不管是什么原因，当初约定一起考研的人真正进入考场的并不多。所以，只要坚持下来了，你就成功了一半。不论考研的路途多难走，请怀揣着一颗坚定的心执着地走下去。

除了全心全意的投入和顽强的毅力，如何科学地规划复习，对于考研甚为重要，付文尧分享道：“可以将整段复习按自己的需求分段，例如三段式，初期阶段、巩固阶段和强化阶段，三个时段，重心各有不同，需要科学把握，每天制定好复习时间和计划，并督促自己今日事今日毕。”考研中的四门考试，付文尧再次强调，英语考试尤其重要，需要日常的积累和不断的学习，英语成绩并不是在短期内就可以提升的，如果你决心考研，那就需要学着踏踏实实地将这件你认为应该做的事，变成你喜欢做的事，在兴趣的推动下，成绩可能会提升得更快。

风力抛天浪打头，只须一笑莫须愁

“The world is like a mirror：Frown at it and it frowns at you；smile，and it smiles too.” 世界犹如一面镜子：朝它皱眉它就朝你皱眉，朝它微笑它也朝你微笑。

当正式开始考试的时候，付文尧回忆道，当时因为准备得比较充分，临到考试她的信心也越来越足，考试时心态保持得不错，已经尽了自己的全力，所以考完后自己的内心很平静，虽然复习阶段常常睡不好，但考试结束了似乎是对自己有了一个交代，内心波澜不惊。“当结果出来，得知自己一年的辛苦没有付诸东流”，付文尧说，“那时候在网上看到结果，刚开始还是很兴奋的，但没过多久就冷静下来了，因为那是自己一个个笔记本、一本本资料换来的成绩，并非幸运或巧合，倒也并未狂喜，一切都在自己的计划之中，只是为坚持下来的自己感到骄傲和满足。”付文尧分享了自己的经验，心态对于成事至关重要，无论考研还是做其他事情，拥有一个肯付出、肯坚持奋斗的心，对结果拿得起放得下，不过喜不灰心，那就已经拥有了胜利者的重要潜质了。

人的一辈子很有趣，就是我们不能像电影一样倒放，如果人生可以倒放的话，我们的很多选择都会改变。但是有一段旅程，无论我们倒放多少遍都不会改变，那就是一段令自己骄傲终生的拼搏奋斗过的时光。

人生的剧本，自导自演

“There is only one corner of the universe you can be sure of improving, and that is your own self.” 这个宇宙中只有一个角落你肯定可以改进，那就是你自己。

在顺利完成了三年的硕士研究生学习后，付文尧又毅然决然地走上了考公务员的征程。不一样的目的，一样的艰辛。最后令人满意的结果让周围的人都不禁感叹她的成功，而这一切都来源于她不断地追求更优秀的自己。“当愿望大到一定程度时，结局就会因愿望而改变”，带她走向成功的就是一个个坚定的信念，因此无论是研究生考试还是公务员选拔，因为知道那是自己想要去的地方，又何愁结局会不尽如人意。人生最容易得分也最容易失分的就是关于“想要什么”的问题。

从 2012 年 9 月进入成都市委宣传部实习，到 2013 年 4 月正式进入成都市委宣传部成为宣传部干部，付文尧一直秉持着认真学习、努力工作的态度，因为付文尧出众的口才和能力，2012 年代表市委宣传部参加市直机关“理想与信念”演讲比赛，2013 年、2014 年连续两年获成都市委宣传部先进个人嘉奖，2015 年参与共青团成都市委宣传部委员会筹备工作，并经选举成为第一届团委委员，2016 年，被成都市委宣传部机关党委命名为“巾帼示范岗”。今年（2016 年）被录取为四川大学文学与新闻学院艺术学理论专业的博士研究生。跟随着导师吴兴明教授（吴教授曾获得省社科奖，金芙蓉文学奖二次，全兴杯文艺评论奖一次，四川大学优秀博士论文奖），在艺术生产与文化产业研究的道路上继续前行。如果说选择考研是人生的一种进步，考公务员是人生的一种奉献，那考博士就是付文尧对学术热爱的表现，因为只有真正想做学问，对学术上的研究有兴趣的人才适合走博士这条路。

对于现如今已经拥有稳定工作的付文尧，不少人都提出疑问：为什么她还会在忙碌的工作中仍要考博士？付文尧回答："考博是因为想加强相关领域理论深度，开拓学术视野，让自己生活节奏更紧凑，是对自我的激励和鞭策。"问及"如何合理安排工作和学习的时间"，付文尧谦虚地说道："因为我对自己有清楚的定位，所以会为生活、工作、学习排序，这样可以少一些茫然和无聊的时间，可以把能利用的时间空间都用上。"任何人的成功背后都有一种非凡的毅力或能力，这并非天赋所得，而是对自己人生的负责。付文尧现在的成就并非唾手可得，而是破茧成蝶。

不求与人相比，但求超越自己

——访四川大学博士徐艺心

执笔：2015级新闻学专业王海燕

指导教师：张超

2007级对外汉语专业：徐艺心

四川大学锦城学院文学与传媒系本着“培养泛媒体时代以写作为核心竞争力，以网络技术为重要辅助手段的技术文科人才”的教学方针，为各大名校输送了一批又一批研究生人才。考研的高成功率是所有文传人的骄傲，然而这还不是全部，我系近几年的毕业生里成功考取海内外名校的博士也不计其数，今年也同样收获了学子的考博喜讯。她便是来自我系2007级对外汉语专业的徐艺心。仅仅经过198天的高强度复习，这位毕业于2011年的文传学子，便成功通过了四川大学文学人类学专业的博士生招生考试，为她的人生开启了一段全新的求学之旅。

暑假初闻　开学初识

暑假的一天清晨，我迷迷糊糊睁开眼，习惯性地拿起手机，一眼便看到了学生科科长曾瑜老师发来的QQ信息：海燕，你去采访一下2007级对外汉语专业毕业的徐艺心，她考上了四川大学文新学院文学人类学博士。

“考上了四川大学文新学院文学人类学专业，还是博士，天呐，真厉害！”一种敬意便油然而生，很想与她见面交谈，进一步了解她以及她的考博历程，但是由于假期在家，只能通过微信交流。虽然只是文字上的沟通，但在字里行间，我能感觉到她的性格和为人：待人耐心，温和亲切，稍带内向且不失文雅。

微信交流始终不及当面采访，对于人物的情感表现无法更好地阐述，还是希望能够与她见面交谈。9月23日，系里召开2016级文学与传媒系迎新报告会。每年的迎新报告会都会邀请已毕业的优秀学长回来分享他们的故事，而今年徐艺心就是受邀者之一。为了拉近我跟她的距离，我主动去百草路地铁口接她来学校。在出租车上，我们简单聊了几句。起初，我还有些紧张，害怕我们没有话题可聊，可事实是她比我想象中要热情许多，还主动问起我现在学校的一些变化。一路上我们说说笑笑，很快便到了学校大礼堂。

会场很安静，我们也没有过多的交谈，只是等着她上台演讲。时间过了许久，心里不免有些焦躁，终于主持人的报幕中出现了她的名字。她赶忙走上台去接过话筒，她在台上说话声音不大，似乎有些紧张，但是字字句句都能听清。在她的演讲里没有任何华丽的词藻，考上博士的骄傲在她身上没有一丝一毫的表现，她只是平实地跟学弟学妹们分享她考研和考博的经历和经验。

迎新报告会结束以后，大概 5 点，她说时间还早，于是我们就在学校的咖啡厅里坐下，一人点了一杯咖啡，开始了接下来的采访。

突破自我，决心考博

作为一名硕士研究生的她，在老师眼中是优秀的，在工作当中是顺利的，可为何还是决定开启艰难的考博历程呢？徐艺心说："其实在四川大学硕士毕业以后，就一直想着要考取博士，只是因为那段时间把重心放在了工作上面，所以才没有下定决心考博，就拖到了现在。今年之所以会下定决心考博，原因有两点：一是因为一直在高校图书馆工作，看到每天来往图书馆里的学生都非常认真、努力，通过与他们的接触，我发现他们中很多人都在准备进一步深造。有的人想出国，有的人想考研，更多的人却是在准备考博。可见考博成了大势所趋，特别是对于文科生来说，硕士研究生的地位在逐渐减弱，自己必须要拓宽知识面，继续深造，才能够跟上时代的步伐，不被这个社会淘汰；二是通过平时和身边师兄师姐的交流得知他们中许多人都考上了博士并且成就非凡，非常羡慕、向往博士的学习生活，可自己却只能仰望而无法企及。从那时开始，我便暗暗告诉自己，一定要努力考取博士，不断完善自己，跟上时代的步伐，成为一个更好的人。"

徐艺心本硕专业皆是语言学方向，别人理所应当认为她会继续选择这门熟悉的专业深造，但出乎意料的是她却将自己的考博方向定为"文学人类学"。问及她原因时，她这样说道："虽然在大多数人眼里，我的决定很荒唐，但我却认为在文科里，文史哲都不分家，本硕专业和博士专业的选择虽然不同，但还是没有脱离文科的范畴，所以在专业选择上面其实并没有太大的变化。当然，比起语言学方面，我对文学人类学这方面的知识肯定是要欠缺一些，所以现在也是在不断努力学习中。”

虽然只是简短的几句话，看似很轻松，但是在这短短的198天的时间里，她准备考博本就是一件艰难的事情，再加上改变了自己的专业方向，这对于她而言，无疑是一个巨大的挑战。博士要付出的心血远远不止是文科不分家这么简单，她要走的路还很长很长，其中的艰辛，恐怕也只有她自己才能体会到。

但是俗话说得好，兴趣是一个人最好的老师。徐艺心正是因为对这一领域有着浓厚的兴趣，才毅然决然地选择了“人类学”，她想用兴趣支撑自己去战胜所有的困难。她始终相信，只要自己内心足够强大，顶住巨大压力，坚持不懈，终会有所收获。她说，不求与人相比，但求超越自己！在徐艺心眼里，人总是要跨出自己新的一步，但在跨出去之前，首先要做的就是突破曾经的自己。

超越现实　破茧成蝶

根据人类学专业的要求，她要准备外语（英语）、中国文化典籍、文学人类学三门课程。198天，4752小时，除去她每天吃饭、睡觉以及放松的时间，还剩下大约110天，2640小时。在这段时间里，她要复习三门课程，阅读大量书籍，算起来每门课程的复习时间仅为一个月，阅读书籍的时间也只有十来天。

198天考博，对于大多数人来说，是何等艰难，几乎是不可能完成的任务，更何况她报考的是四川大学这样一所国家“985”工程和“211”工程重点建设的高校！可她，在所有人质疑的眼光下，超越了残酷的现实，终于破茧成蝶，成功考取博士！这不仅仅是因为她对“人类学”这一领域的浓厚兴趣，更多的是来源于她所制定的复习方法和坚持不懈的努力。

为了更好地应考，让复习的时间能够充分、合理地运用，徐艺心为自己做了一张倒计时表。这张倒计时表是以小时计算的，里面包含了她每天要复习的内容和阅读书籍的计划，安排得非常仔细、周密、紧凑。她希望能够通过这样的方式每天都给自己施加压力，并且不断告诉自己，警示自己，过一小时就少一小时，过24小时就少了一天。也正是这种高强度的压力激发了她的潜力。

提及那段艰难的复习历程，她说："备考期间，我基本每天都要坚持学习10个小时以上，三门科目轮着看。我知道，除了多看多背多写，没有其他的捷径可走。博士的考试主要是针对知识性、基础性的问题，考查的重点包括基本理论、知识运用以及个人思考。所以我把复习重点放在了真题上，每天坚持练一整套真题，并且做好总结。但仅仅是真题和参考书是远远不够的，所以在打基础之余，我还花了许多时间去拓展自己的视野，阅读大量报考所选专业领域的前沿论文。现在回想起来那段艰难的路程，还真是跨越了一道又一道的不可能。"

备战期间，她说复习英语和做三门科目的真题倒没什么太大困难，遇到的最大困难就是人类学涉及的书籍太多且难读懂，自己本硕也不是学这个专业的，因此心理压力非常大。每当看到书架上和图书馆里那一摞又一摞的书籍，她就会觉得心里发慌，生怕看不完要复习的必看书目，影响考博的成绩。

她也彷徨过，怀疑过，失望过，也曾因为巨大的压力而落泪，但是她并没有被打倒，也从未想过放弃。"未来总是充满希望的"，她始终坚信，"既然选择了这条路，便会坚持到底。"

涉及的书目多，她便通过查阅四川大学对这门专业在书籍阅读方面的要求并且咨询我系毛建华主任的建议，筛选出了最重要的书目进行详细阅读，并且要求自己尽可能地在半个月之内读完筛选书目，对其他书目做大概了解。“当你在做任何一件陌生并且困难的事情之前，都应该先通过各种方式去了解它，找到最为合适的方法，然后再去深入研究，不要盲目付出，否则毫无意义。”她这样说道，“不管将来或是现在你学什么专业或者技能，只有对它有了大致的了解后，在学习的过程中才会觉得事半功倍。”

复习压力大，她就在疲惫不堪的时候看看美剧放松一下心情，或者和好朋友一起出去逛逛街吃点好吃的东西犒劳一下自己。然后，再继续投入紧张的复习中。她说，只要能够找准适合自己的方法来有效地缓解压力，你就会觉得每一天都是充满希望的！

偶然在学校里看到这样一句话：有些事很多人想得到但是不一定能做得到，做得到但是不一定能做得好，做得好但不一定能坚持，只有想得到、做得到、做得好并且能够坚持下去的人才能有自己的成果。这句话让我记忆非常深刻，它出自于邹广严校长之手。相信这句话很多同学都看见过、听说过甚至记录过，但是能够真正付诸实践的又有几个呢？可在徐艺心身上，我看到了这句话的完美诠释。徐艺心用 198 天的煎熬跨越了所有的“不可能”，坚持到了最后，并且收获了自己应有的成果，也再一次向自己证明：奋斗的路上没有捷径，唯有自己拼命才能披荆斩棘，破茧成蝶。

短短的 198 天，她便可以破茧成蝶。你，也可以。也许你不打算考博，但是人的一生都是在不断学习中成长的。因此，当你还在徘徊不定的时候，当你无法坚持想要放弃的时候，当你盲目投入没有回报的时候，想想自己最初的梦想和之前的努力，再坚持一下，定会守得云开见月明！

艰难路途，感谢陪伴

这段艰难的考博路途上，她并不孤独，反而倍感幸福，因为她不是一个人在奋斗，陪伴她打赢这场胜仗的还有她的家人、老师和朋友，特别是热心帮助她、为她提供宝贵信息的四川大学锦城学院文学与传媒系毛建华主任以及在她备考之初给她许多建议和鼓励的龚翰熊教授。

毛建华主任是一个幽默、风趣、时尚的长者，老师和同学们都尊称他毛老、毛爷爷。在他的身后，还有无数的“毛血旺”粉丝。

毛爷爷对学生考硕、考博都非常重视。徐艺心说，在考研准备期间，毛爷爷经常会请老师来做考研分享会，给他们提供咨询和帮助，并且让系里的老师对考研同学进行捆绑式指导。考研的经历和经验对她考博来说是一种积淀，系里的重视更是让她对继续深造有了坚定的信心。毛爷爷一直都十分喜欢研究民俗学，并且担任四川省民俗学会副会长兼秘书。在人类学这门课程方面，也给了她许多建议和信息，对她很受用。

龚翰熊教授非常慈祥，待人和善，她亲切地称他为龚爷爷。在龚爷爷眼中，她就像他的孙女一样，乖巧懂事。

龚爷爷研究的主要领域是西方文学，因此在专业方面给了她许多建议。备考期间，她便遵循了龚爷爷给出的建议，稳扎稳打地对自己的知识背景和求学计划进行详细、清晰的梳理，全力以赴去填补自己在知识和学理方面的不足。

在她彷徨时，她曾这样问龚爷爷：从语言学跨度到文学人类学会有什么样的困难？凭着对此专业浓厚的兴趣是否能让自己坚持到最后并取得成功？龚爷爷首先尊重她个人的选择，然后讲述了一些文学方面的专业的对比，如西方文学对作品原文阅读的要求，少数民族语言文学对语言的要求等；其次龚爷爷鼓励她努力去完成自己的梦想，说兴趣对于一门学问还是相当重要的，但是后天的努力更是成功的保障。龚爷爷的一席话让她更加坚定了自己的考博梦想。

毕业多年的她，再次提及母校，提及文传，似乎有着太多太多想要表达的情感和话语。她说：“母校，母校，母就是生我养我的那个最伟大的人，文传系同样如此。作为母校的一名毕业生，母校的教育理念以及治学态度深深扎根在我心中。一直以来，文传系坚守着培养泛媒体时代以写作为核心竞争力，以网络技术为重要辅助手段的技术文科人才的方针，让文科生的工作领域不再受到阻碍。正是因为文传系有着先进的教学理念，影响着我的大学生涯，我才会一步一步，坚持自己的梦想，从本科，到硕士，再到博士，以后可能还会继续完成自己写作的梦想。文传一直给予我前进的动力，只要想着文传还在为教育的梦想不断奋进和创新，我也不会停下脚步。”

徐艺心能够顺利考取博士，正是因为老师们的不断鼓励让她没有在困难面前放弃与逃避，身边的人有意无意的玩笑帮助她在高强度的复习后放松心情，家人的全力支持让她在考博路上一往无前，浓厚的兴趣让她在梦想与现实面前坚持不懈！

“梦想的路途上，庆幸自己有文传的培养。艰难的日子里，庆幸自己有他们的陪伴。”我看到，她的眼睛里泛着一丝泪花。

坚持就是胜利

——访西南大学博士金心红

执笔：2015级汉语言文学专业杜宣汝

指导教师：王婧瑜

2007级汉语言文学专业：金心红

人生没有一帆风顺，总会坎坎坷坷，比如学业。学如逆水行舟，不进则退。不经历风雨怎么见彩虹？努力就会有收获，坚持就是胜利。

——金心红

（一）

金心红心中始终有一个梦想，那就是做一名大学教师，为了这个梦想，她一路走来，不曾停歇过奋斗的脚步。就如她的闺蜜所说，她的脚步铿锵有力，一步一个脚印。

她是学弟学妹的楷模，从小学到大学再到硕士、博士，她秉持初心，向着自己的梦想不断前进。

岁月流逝，时光荏苒，她在光阴的长河里划着一叶小舟，乘借信念坚定的东风，在学海里泛舟而行，尽管寂寞，却也独树一帜。

一分耕耘一分收获，金心红一路走来，在考研的路上奋勇前进，一路前行，诉说着励志的宣言，彰显青春的一往无前。

（二）

小学时代的金心红学习成绩优异，多次获得三好学生称号，尤其是语文成绩在班级中名列前茅，为此，她被同学们称为“小才女”。就是这位小才女，在知识的海洋里遨游，不管是刮风下雨，还是乌云密布，都阻挡不了她对知识的渴求。

金心红以优异的成绩考上了中学，继续她的知识探索旅程。由于学习刻苦，又掌握了学习方法，加之她课后复习、课间预习、周末温习，她的成绩稳步提升，成为老师心目中的“学习标兵”，校长曾说她：“孺子可教也！”金心红所独创的学习计划，在全年级推广应用，她得了“学习标兵”“三好学生”等诸多荣誉称号。

尽管初中的课程较多，作业量也大，但她并没有放弃对语文知识的渴求。

语文一直是她所青睐的课程。由于功底扎实，她的作文一直是高分。曾经有一位语文老师当着全班的面对金心红说：“你如果不当语文老师，就是对人才的埋没。”老师的教诲在金心红的心里，埋下了一粒做教师的种子。这粒种子在她的心中慢慢地孕育，生根发芽……

（三）

有人说，不上高中会后悔十年，不参加高考会后悔一辈子。的确如此。高中生活的锻炼，让莘莘学子更加成熟，更加感叹成功的不易。

怀揣着做一名教师的梦想，金心红步入了高中时代，她的求学生涯迈上了一个新的台阶。高中时代是火热的时代，这个时代，是拼搏向上的时代，更是奋发有为的时代。金心红全身心地投入到那个激情飞扬、热情似火的高中时代，为自己的梦想不断地添加正能量，不断地为自己的青春喝彩。

高中时期，金心红一如既往地秉承着初中时良好的学习方法和学习习惯，有条不紊地执行自己的学习计划，秉持做老师的那颗初心，一路前行，埋头学习，投身于知识的海洋当中。从高一到高二，她从没有放松过对自己的要求，食堂到宿舍是她唯一的生活轨迹。爸妈有时来学校看望她，心疼地说："你又瘦了许多。"她笑着说："爸妈，你们放心吧，女儿不会被打败的，此时不拼何时拼？高中时代就是拼搏的时代，也是锻炼我的好时光。"爸妈对她说，无论考上大学与否，都要把身体健康放在首位，千万别累坏了身子。

时光如白驹过隙，转眼间，几个春秋便消失在忙碌的时光当中。高三紧张而又忙碌的生活，成为金心红的主旋律。每天，东方的天空泛起鱼肚白的时候，她便早早地起床，拿着一本书，独自一人走到操场上，坐在篮球架下，静静地晨读。待到朝日喷薄而出，万丈光芒投射到大地上时，她已背诵了几篇英语课文，复习了几篇语文练习题。当她拿着课本出现在食堂时，同学们惊呼她的勤奋，纷纷表示金心红是学校的学霸，了不得。但她边打饭，边说："父母辛辛苦苦地赚钱供我读书，我不好好读书，便是败家。"金心红的一席话，让同学们都大吃一惊，纷纷竖起大拇指，对她表示赞赏。

通过高中三年的奋斗，金心红以优异成绩考入了锦城学院，成为2007级本科汉语言文学专业的一名大学生，实现了父母让她读大学的夙愿，自己也离梦想更近了一步。

（四）

在同村同龄人的羡慕下，她拖着拉杆箱，昂首阔步，走进了锦城学院的大门，翻开了人生崭新的一页，开启了成长的新篇章。

初次与她交流，不曾觉得她是一个那么安静的人。信手拈来的经典书目，让我不由得想与她交流更多。她现已攻读至博士学位，学习的方向也是她长久以来一直倾心的科目——教育学。从进入锦城起，文传系多位老师的教诲，对她有了潜移默化的影响。谈到选择文传系，还有一个有趣的插曲。填报志愿时，她也像很多学生一样，选择了最火热的金融方向，在录取时，却来到了文传系。心中还是有一点失落，不过想到自己对这方面也不厌恶，就抱着试一试的态度慢慢接近这个专业。对文学的热爱之情，由此，也慢慢地被自己挖掘了出来。

大三时，一个选择摆在了她的面前。考研和就业是中国大部分毕业生面前的难题，金心红这样谈自己的选择："选择考研看似是一条很难的路，其实在平时的学习中，我就已经找到了自己的兴趣点。"从锦城到西南大学的飞跃，中间的艰难困苦是我所不能体会的。"暑假回到家的时候，我在重庆各所大学中转悠，感受每一个大学不同的氛围。西南大学就是那个吸引我的学校。"有人说，家是心灵依靠的港湾，家是奋斗的动力，家是温暖的鸟巢。金心红所在的文传系，在她看来犹如一个温馨的家，给予她家的感觉，让她觉得这个家不仅给予她亲人般的关照，更激发她对汉语言文学的热爱，特别是曾老师的认真负责，让她感觉到能学到很多东西。就这样，在曾老师的引导下，她渐渐地喜欢上了汉语言文学，热爱上了这个专业。在她的心目中，遇上一位负责任的老师，是她的福气，也是她的荣幸。“5·12”大地震那一年，是她的转折点。伴随着对汉语言文学的深入研究，她发现自己再也离不开文传系了，因为班里的学术气氛浓厚而且宽松。在汉语言文学方面，她在老师们面前可以尽情地畅聊学术，每次老师上完课后，她都拉着老师聊好久学术问题，时间久了，连她自己都怀疑自己是不是一个问题学生，但老师们都喜欢她，都说她是一位非常勤奋、刻苦、认真的好学生。和老师们的密切交流，促使她不停地进行自我反思。“看着他们兢兢业业向我们传授知识，又或者是能在讲台上自如地挥洒。我心中好像有一个声音，让我和他们一样，成为广大教育工作者中的一员，应该是那时就成了我的目标吧。”确定了考研的方向后，还需要选择特定的科目，这又成了另一道她眼前的难题。“和教学有关的科目有很多，那时我还是有些迷茫，所以经常去找老师交流，希望能在对话中获取一些信息。”她成了办公室的常客，下课以后也常和老师闲聊。每次与老师们聊完后，她都会有新的问题，然后跑去办公室找老师继续请教。每次与老师聊学术问题时，她发现有学识的做学术的老师的身上散发着神圣的光芒。于是，她便暗下决心，一定要投身于学术，做像老师那样有大学问的人。因为学术，让她觉得与自己的灵魂挨得更近，与自己的思想相吻合，也与自己的梦想更贴近。有一次，她与王老师一起走过信义楼，边走边聊学术，两人一直聊到寝室才分手。那次交流让她对自己做好学术产生了浓厚的兴趣，也产生了十足的信心。她对于学术的渴求不亚于鱼儿对水的渴求。至今同学们仍然清晰地记得，她利用老师在食堂吃饭的机会，请教杨骊老师各种问题，杨骊老师有问必答，让她感觉到学术的魅力无穷，愈发喜欢学术了。在同学们问及她为什么会选择汉语言文学这个专业时，她说，阴差阳错，本来她想去读 ACCA 的，结果第三志愿被录取，学习汉语言文学专业。对于汉语言文学专业，起初她并未有太大的兴趣，但接触后，她开始对这个专业产生了浓厚的兴趣。

（五）

当同学们都在花前月下谈恋爱的时候，她却在钻研学术。“2014 年我毕业以后，决定要继续读下去。我家就在重庆，所以选择继续在西南大学深造。”她的优秀是有目共睹的，“有一次匡宇老师在课上说，让我们自己回去欣赏电影《红色小提琴》，第一次看这部电影，我被里面精彩的故事情节吸引住了。与老师交流后，才发现我的想法未免有些浅薄。”于是，她选择了这部电影作为期末的题目进行深入研究，这便是她的学术启蒙。在得到老师的肯定后，她又分别和杨老师、王老师以及卢老师交谈，他们都表示了很大的兴趣，老师们也给了她很多资料，帮助她进行系统研究。后来终于写成了一篇小论文，并且在此基础上成为她的毕业论文。这一系列研究，让她感觉到做学术的酣畅淋漓。

学术的自由、学术的魅力在她看来是人生的追求，也是她所应该用毕生去奋斗的事业。她觉得锦城学院的老师是她内心深处的学问大师。做自己想做的事情，是她的人生座右铭。“当然，做学术并不是瞎做、乱做，是需要方法的。”金心红如是说。众所周知，做学问需要耐得住孤独，耐得住寂寞，丝毫不能松懈，如同逆水行舟，稍有松懈，研究成果便会付诸东流。“尴尬莫过于大家都说很优秀，却拿不出任何优秀的成果。自怜莫过于努力了很久，却没有任何东西向自己交代。”现在的她，依然专注于学习。

本科顺利毕业后，她并没有停止前进的脚步，而是考取硕士研究生。从大二开始，她在老师的指导下准备考研，由于她比较喜欢小孩儿，在最初，她的考研方向选择了幼儿教育，后来她发现自己更适合做高年级的老师，于是她刻苦学习，考取了与教师职业相关的普通话和教师资格证，也顺利拿到了西南大学的硕士研究生的毕业证书，但她并没有满足与此，而是继续向博士生前进，攻读2014级的博士课程。

尽管考研大军人数众多，但考证的多，读书的少，而金心红却是既考证又读书，并且把大部分的时间放在了看书上，按照老师给的书目，一本一本地仔细研读。在书目推荐方面，她谈了自己的经验：在和老师聊天的时候，老师会给大家推荐一些书目，这些都是与学术、与考研相关的，大家必须要认真研读。

（六）

坚持就是胜利，这句口号放在考研上和做学术上一点都不为过。金心红告诉笔者，不走出第一步，永远都觉得难，一走出了，什么都跟着简单了。在考研上，必须有自己清晰的目标，就像毛爷爷所说“行动会让你越来越清楚自己要什么”。

“研究的痛苦和魅力都集于，花了好长的时间想通了一点，过了好长时间又把自己想通的一点推翻，如此循环往复。”她向我笑着说，现在她的状态是，每天都和理论打交道，还得想办法把它们都融入实践中去。“最开始我根本没想过自己能走到这一步，要是博士能顺利毕业的话，我还是希望自己能做一名教师。我想，不管在哪个年龄阶段，我都是一名学生，前不久我刚学了一个新词，‘同理心’。即为要到达那个水平和高度才能懂的心，所以发现和自己预期不一时，要翻阅材料后再做评论。我的研究之路也是这样，希望能不停地探索。”听到这里，不得不佩服，她能在一个浮躁的时代，依然能静下心来，专注于自己的研究。

金心红从本科到硕士再到博士，一路走来，大家不禁要问，是什么让她坚持到了最后？面对这个疑问，金心红说，必须给自己找一个坚持下来的理由，这个理由是什么？就是心中的梦想，就是自己追求的理想。

是啊，听到金心红一番话后，笔者突然感觉到，有梦想的人生才是精彩的人生，才是有价值的人生。有理想的人才是富有激情、富有动力的人，才能够不断地沿着自己梦想的方向持续前进，哪怕前面是万丈深渊，是刀山火海，只要梦想在，任何困难都阻挡不了一个人的前进！

金心红的理想是做大学老师，做像锦城学院里的那样有学问、有魅力的大学老师。因为，她对学术好奇，对优秀的大学老师好奇。她曾经说，好奇是前进的动力，因为好奇，所以去打破砂锅问到底。正是由于好奇，才促使自己不断地前进，前进，再前进！

后记：金心红的学路历程，是奋斗的历程，是坚持的历程，更是刻苦的历程。从金心红的考研经历当中，我们不难看出，没有做不到，只有想不到，只要坚持心中的理想，必然会使得自己成就一番事业，也必然在某个领域开辟出一片属于自己的天地！

心向远方 孑然前行

——访浙江大学博士张钟萄

执笔：2014级行政管理专业涂文华

指导老师：朱亚铮

2008级汉语言文学专业：张钟萄

张钟萄，四川大学锦城学院文学与传媒系2008级汉语言文学专业的学生，2011年通过自己的不懈努力考研进入四川大学哲学系深造。2015年为追随心目中的良师而踏进全国知名学府浙江大学，现为浙江大学哲学博士。

于平凡中见波澜

认识张钟萄学长是因为系里要出一本考研采访录的缘故。为了与其取得联系也是费了几番周折，经王大江教授推荐，才能与优秀的张钟萄学长取得联系。两个生命轨迹不同的人，竟然能够在某一个时刻交会，这也可以算得上是一种难得的缘分吧。在我的印象中，浙江大学是一所家喻户晓的名校，能够进入浙大是一个学生莫大的荣幸，况且能够进入浙大研习哲学博士，这更能体现一个学生的优秀。初次接触张钟萄学长，他给人的感觉就是哲学博思，思想境界非同凡响，这也可以从他平时发表的诗歌和与朋友交谈的内容中得到印证。他是那种往往一句话就能给人特别深的感触，让人引起反思，具有哲学专业学者特有的思想性和逻辑性的人。其次是平易近人，热心善良，虽然平时他都很忙碌，很少有时间进行社交联系，但是我提的问题他都会认真详细地解答。比如我在采访他的过程中就有这样一个小插曲，我们为了宣传活动需要他本人的一张照片，他先是翻遍所有的相册才找出一张半身像，后来又不辞辛苦地跑到浙江大学校门口特地拍了照片传给我们。他就是这样一位言辞不多、平易近人、令人敬仰的学长。

与现在的浙江大学哲学博士相比，8 年前的他显得是那么的平凡。进入四川大学锦城学院也是因为各种机缘巧合，自此之后便与锦城学院结下了深深的、不可磨灭的感情。张钟萄之所以会选择文传系汉语言专业是因为自己喜欢文字，他认为文字具有无可匹敌的力量，能带给人精神层次上的享受。在面对自己的理想和现实差异之间的鸿沟时他认为“理想与现实有距离，但没什么太大的差异。从现实中生长出来的理想才会有真正的生长力。以前我也不太懂如何调解，现在似乎懂些了，那就是与现实和解。和解不是妥协”。经过多年的实践证明，他的选择是十分正确的，他说：“在文传系你要想搞社会实践，它可以提供给你平台，但如果你要埋头读书，它也可以提供给你资源，给你足够的时间和空间来发展你的兴趣爱好。从这点来看，它很特殊，它像其他大学一样但又跟其他大学不同。”张钟萄学长性格比较内敛，是属于那种心里怀揣着理想并一心一意去实践的人，他在大学四年期间也许没有展现出像其他学长学姐那样十分突出的组织管理能力；他没有像学生会主席班长之类的头衔，人际交往圈子也大多是室友和同专业同学；他当时也没有表现出专业学者的潜质。那时的他是那样的默默无闻，默默地在耕耘自己的一亩三分地，但在大学四年学习生活中，他能够在有限的时间里，在自己的土地上耕耘，结出累累的硕果。

在采访了当年教过张钟萄学长的老师时，他们对张钟萄学长的印象依然十分深刻。系副主任杨骊说："张钟萄是属于特别独立和自主，具有典型独立人格的学生。还记得有一次组织课堂读书报告，当时他完成的读书报告给我很大的震撼。从那之后我便记住了张钟萄这个人，他不会人云亦云随波逐流；有的学生对于老师安排的任务只会简单随意地应付了事，他对于一件事有自己独特的思想具有批判性思维，并且会把这种思想升华之后展现出来，我想这就是他现在取得那么大的成就的最主要原因。"就在我进行补充采访的时候学长也在和王大江老师联系，其间我也问及了王大江老师几个关于学长在校期间的问题。王老师说："张钟萄这个学生很不错，每年都会和老师们进行往来。他平时很低调，一点也不张扬，有种大隐隐于市的味道。他平时最大的爱好就是看书和听摇滚音乐，他看的书很广泛，有文学、社会学、哲学等。阅读量也很大，当时很少有人能有那么大的阅读量。他自己平时也经常去观看摇滚音乐的演唱会，可能他是想找到摇滚音乐与哲学的共同点吧。他是个很优秀的学生，很值得你们学弟学妹学习。"当年曾经指导过张钟萄学长考研的肖捷飞老师也说："张钟萄是一个认真好学、踏实努力、积极上进的好学生。"

从几位老师对学长的描述中我们可以一目了然地知道学长是个低调、努力、上进的学生。他在大学四年时光中所做的这一切，看似很平凡，实则不凡，于平凡中见波澜。

止于至善

在问及他的大学生活是怎样度过的时候，他是这样细致地叙述的：“我认为自己没有什么特长，最大的兴趣爱好就是看书和听音乐，并且自己在大学四年生活中做的最多的事也就是看书和听音乐。我认为我们大学生没有那么多时间和精力去接触很多方面的知识，把自己的兴趣爱好发展为自身闪光点就是最好的了。”张钟萄学长考研进入的是四川大学的哲学系，康德对哲学有一句十分经典的阐述：“哲学是无法教授的，因为哲学永远是思想者的事业。”学习哲学知识是一个相当枯燥的过程，学习哲学知识也是十分困难的，它的最大困难在于对抽象问题的梳理和解释，也就是如何更好地去理解这些抽象的哲学概念，并把它与我们生活的实际相联系。哲学学习是需要很多时间来沉淀和消化的，康德等享誉世界的大哲学家都是经过很多年艰苦探索以后才出名、才有所成就的。当时我很不解地问他，为什么会选择哲学这个平常人都不会选择的专业作为自己的考研专业呢？是什么原因让你想要在哲学探究这条路上走下去？从张钟萄学长的硕士论文后记里我找到了答案，他说：“在川大学习到的哲学知识是我成为现在的我的重要原因，我想在交出这几年的学习成果的同时，给自己留下一些成人的印迹。这些印迹对于我今后生活的重要性和意义，有可能远超过这几年我所学到的知识本身。”学长在大二时，读了一些有关近现代史的书，其中有20世纪的世界史，更多的是中国近现代史，包括个人回忆录和纪实作品。20世纪以来的中国历史，将他置入了一段难熬却稚嫩的思想和精神流浪中。在读到这些书时他有了这样的人生感悟：“历史的苦难缠绕着我的生活，在那些月寒风轻的夜晚，我在校园里绕圈子走，音乐之外听不到人声，或久久坐在草坪上，四周全是稀薄却无法突破的黑暗。”

后来看了哲学书，他没有再沉浸于那种本没有束缚，却无处可逃的世界。大二看书的那段经历成为他学习哲学的出发点，后来几年随着年龄增长，它们逐渐淡化。人在历史和现实生活中的表现，促使他在“激发行为”这个问题上进行思考。这些年他一直在这类大的问题上思考，只是到了即将毕业时，才因自己身上发生的一些事，而被拉回到小问题，比如关于自己，关于生活。虽然那些旧问题也一直在心中，但又正因这种思考和学术研究本身，与现实生活之间的张力带给他的无力感，加快了学长重新审视过去那种生活的速度。也因此，在那种张力之间扮演了某种黏合剂的角色。就现在看来，它们是如此重要，以至于即便他提及的人中，一些甚至并未教授他专业课程，却给了他关于生活、人生和生命更加重要的东西，或者说，“忘不了的人和事，才是真生命”。这就是学长为什么会选择学习哲学知识的原因。

斯宾诺莎的《知性改进论》里面也有一段话解释学习哲学的目的。他说：“当我受到经验的教训之后，才深悟得日常生活中所习见的一切东西，都是虚幻的、无谓的，并且我又确见到一切令我恐惧的东西，除了我的心灵受它触动外，其本身既无所谓善，亦无所谓恶，因此最后我就决意探究是否有一个人人都可以分享的真正的善，它可以排除其他的东西，单独地支配心灵。这就是说，我要探究究竟有没有一种东西，一经发现和获得之后，我就可以永远享有连续的、无上的快乐。”

博学于文　奋斗于传

没有人生下来就知道人生漫漫长路应该怎么走，他们无法预知，但他们可以选择。人生的方向本有无数个，有一马平川的康庄大道，也有荆棘丛生的蜿蜒小道。而那些沿途最美的风景，往往伴随着艰难险阻。然而考研的路程是辛苦的，前路布满荆棘，没有人可以轻而易举地踏过这段险路，尝试过这段艰辛路程的人无一不是心力交瘁；有人说考研是高考中的高考，我们高考至少有周围同学朋友的陪伴，虽然艰辛，至少并不孤独；而考研路上更多的是默默前行的背影和个人不懈的努力。考研考的完全是自己一个人默默的坚持和努力。张钟萄学长是个乐观积极的人，他会把复杂的事情简单化，把困难的事情阶段化，考研的整个过程也是如此。他面对考研的心态就如“红军不怕远征难，万水千山只等闲，五岭逶迤腾细浪，乌蒙磅礴走泥丸”一样的乐观豁达。在谈到考研时的情况他如是说：“考研也没有那么困难，更没其他人说的那么严重。还没考就搞那么紧张，那还是别考了。这么点事都扛不过去，那还能指望扛啥……如果你的准备就是看书看书和看书，那考试不过就是去玩玩儿罢了。要带着玩儿的心态认真去对待考研就行了。”

博学于文，奋斗于传，博学奋斗是我们文传系的优良传统，考研也是我们文传系的一大特色，文传系还专门成立了考研留学指导中心，有专门的老师对考研留学的学生进行阶段性的指导。每年有无数的学子在考研路上取得了优异的成绩，张钟萄学长也是其中杰出的一位。大一大二的同学或许对考研还很懵懂，还不知道考研的意义何在。针对这样的问题，张钟萄学长对于考研的意义是这样看待的“我个人觉得，我们这种人文社科的学生，最要紧的是感兴趣，如果没兴趣，还要看一大堆书，写论文，那生活会变得非常无聊。如果生活本身已经够无聊了，我们干吗还要让它更无聊呢，况且既无聊又没钱，还不如去工作。其次，人文社科中的基础性学科，比如说政治学、哲学，在现在这个阶段是非常冷门的，如果只是为了拿一个好一点的文凭，那真的不用在这上面浪费时间了，如果你把读研这三年时间拿去工作，指不定工作三年会得到更多的人脉和机会。关于选专业就问问自己内心吧，本来读书挺好玩的，如果被逼迫着做，不如不读了。然后，‘高冷型’的专业，如果家境不好，也别读了，自己私下看就行，除非你有极大的热忱和超人的毅力。最后，如果一定要考，那眼界开阔点，胆子再大点。如果是身居内地的，那么离开成都离开四川吧。在我们还年轻的时候，去更发达和繁华的地方看看，去接触最优秀的大脑，与最聪明、最努力和最有胆量的人一起竞争或生活，我想，如果只是为了拿一个更好的文凭好有利于将来就业，那么考研不是绝对的好途径。即便是，那也必须要考一个很好的学校，这样可能会有直接的收益。否则，读三年，平台不够好，机会不够多，再不认真读，那就是浪费了，而这三年本可以在社会和工作中积累经验和人脉。如果是对学术感兴趣，那就要看看到底多感兴趣。毕竟，如今的大环境对传统方法下的人文社科，尤其是人文类专业不利。如果是喜欢读书，那很好。但一定要转识成慧，要灵活。若非学术，那么社会现在并不太需要特别专业的人文社科知识，但能用活它们的人，我猜测还需要很多。”我身边不乏考研的人，在同他们谈到考研时他们也十分认同学长的看法。

不悔青春

“人的一生应该这样度过：当他回首往事的时候，不会因虚度年华而悔恨，也不会因碌碌无为而羞愧，也不会因为为人的卑鄙、生活的庸俗而愧疚。”学长再回首大学四年的时光，心里充满了暖暖的回忆。他说：“我跟朝夕相处的室友关系很好，也有直到现在也在联系的同学和老师，在大学也实现了自己的愿望。我没有虚度时光，在大学也就没有遗憾了。”张钟萄学长也鼓励我们尝试自己喜欢的事，尝试自己胆怯和畏惧的事，尝试比自己现有能力要求更高的事。因为这样才会不留遗憾，因为这样才算活过。

在面对考研选择以及大学生应该怎样度过自己短暂而又绚丽的大学生

活的时候，学长以一个过来人的身份谦逊地对我们说道：“我并不认为自己已经到了可以给人建议的地步，因为我很可能比学弟学妹们还更为普通。我能说的很多都是自己的经历。如果一定要回答大学生涯这个问题，我可以提一下我自己大学时期的目标，很简单，就是要独立和自由。从精神上，从人格上，从思想上，从情感上，尽管这些东西后来也给我带来了些许困扰，但我无悔于走过的那些路。研究生三年，我总结给自己最重要的几点，有些变了，关键词变成了另外三个：谦逊、真诚和坚持。其实好多时候我们真的不知道现在所做的会带来什么，因为生活的偶然因素太多了，既然如此，就好好做好每个阶段最该做的，谦逊地，有所敬畏地，真诚地。还有就是，要享受生活，做一个富有品位的人。”并不是每一个人都能像张钟萄学长那样成为浙江大学的哲学博士，但我们每个人都有自己的路要走，每个人都会选择自己的生活，每个人在生活中遇到困难时都应该向学长给我们总结的那样，谦逊地、有所敬畏地、真诚地面对困难。当你张开双臂拥抱世界，世界不一定拥抱你。但你身边一定有这样的人，他们不断被怀疑，却永远奋不顾身地向前，似乎他们就是想证明，他们有能力去改变自己，去改变世界。如果你真的知道自己想要什么，你就会全力以赴，哪怕前路满布荆棘。翅膀长在你身上，太在乎别人对于你飞行姿势的批评，所以你飞不起来。如果你知道去哪，全世界都会为你让路。

在文章的结尾，张钟萄学长给同龄的人写了这样一首诗，希望以此来勉励我们在学习和生活中勇敢地追逐自己热爱的事物。

当你年轻的时候你都做了些什么

——给同龄人

唉，当你年轻的时候你都做了些什么

今晚我坐在门边，不安的风暴

从左耳刮到右脸，分割肌肤
书籍，和那些号称智慧的知识
都不能让我感到心安
哲学家沉重的句子
追随乐队的音符划过
带来了更深的困惑
这个可怕的世界究竟是自体内生发
还是由外界构成
青年啊，早年在篮球架旁结晶的汗珠
被你带往了什么地方
是否他们还似从前
在繁忙的虚度中让生活肥胖
这些年自烟头起舞的重量
又抽走了你体内多少炙热的空间
以至于被这么多场时间淋湿之后
你本该固若磐石的冲动
却轻盈得风一吹就散
是否也是在那整晚的劳累中你才突然醒悟
凌晨三点荒郊的星星并非诗人说的那样
更比画家笔下的冷漠多了
他们点不燃你指间的半截香烟
还会为了自己的出场
而关掉整片夜空的电源
没人会看见整座森林失落的蚂蚁
都在朝你爬来

这时你可以求救于谁
儿时要当医生或科学家的梦想吗?
还是漫画里拯救地球的英雄
你是不是也发现了他们轻若沙尘
自从飘落，就再也没有保护过你
那么青年，你还会跑吗?越跑越远
跑到太古之初，跑到银河的黑暗深处
越到深处越是安全
跑得越快越觉得不够快
那些熟知的过去——
属于你的无微不至的关怀
你所企盼的一次次谅解
以及常被拿来戏谑的忧虑
此刻被困在最遥远的地方
(在哲学家口中他们离你最近)
——又将怎样无情地侵犯你
直到你对于面目全非束手无策
直到放弃、遗忘和无能为力
成了你的力所能及
然后你决定不再返回
然而你早就被决定做不出改变
哦!那么在你年轻的时候你到底都做了些什么?

我喜欢的是自己眼中的自己 而不是别人眼中的我

——访曼彻斯特大学博士杨昭诗

执笔：2015 级网络与新媒体专业杨皓钦

指导教师：王婧瑜

先变成自己喜欢的自己，然后遇到一个不需要取悦的人。

——题记

2008 级汉语言文学专业：杨昭诗

“我喜欢大学时期平淡而充实的阅读时光！”

“我喜欢法律，所以我去考了检察官！”

“我喜欢做自己认定的事，就像考硕、考博！”

“我喜欢尝试与体验，比如武术，因为青春的年纪不应该老气横秋！”

她率真乐观，坚毅自强，小小的身躯里埋藏着巨大的能量，那是她的坚持与梦想。

她是社会中大多数人口中的“女博士”，她是杨昭诗。

杨昭诗，四川大学锦城学院文学与传媒系2008级汉语言文学专业优秀毕业生。

2008年夏天，她踏入锦城学院的大门。先后历时八年，大学毕业、考研、两次申请海外博士直到今年成功拿到英国著名学府曼彻斯特大学（University of Manchester）的offer。

大学期间，出于对法律的热爱和兴趣，原本在汉语言文学专业的她自学法律，跨专业考上了检察官。

因此杨昭诗前行的路上出现了一个岔路口，连接着两条不同的道路，只是这两条道路同样宽敞，并且洒满了温暖、明亮的阳光。

太阳照常东升西落，在那淡淡的光辉下，杨昭诗继续向前奔跑。前方的路上没有什么阻碍能够让她前行的步伐停下；没有什么能够驱使她放弃自己真正喜爱的事物；也没有什么能够让她放弃对文学、对知识的渴望与向往；更也没有什么可以让她放下那颗永远乐观向上的心。

没有规矩哪里去找到方圆

“‘锦城模式’给了我很大的动力，我感谢锦城的严格。这里的规矩，在我眼中如同法律！”杨昭诗会心地笑了：“而我喜欢法律！”

准备好留学海外的杨昭诗，剪去了以往的长发，身着一身淡蓝水洗牛仔衬衫，嘴角微微上翘，露出阳光般的微笑。当年老师们眼中谦虚、安静的“乖乖女”似乎变得成熟了许多，也干练了许多。当记者向杨昭诗提起大学时光时，杨昭诗露出了思索和追忆的神情。

2008年对于杨昭诗来说，是充满困苦但又幸运的一年。高考结束后，当初艰苦奋斗中的主角也变成了看客，只是没想到的是，从考场走出来还在计划着给自己一场说走就走的毕业旅行的杨昭诗，很快就收到了自己高考失利的消息。原本幻想的充满着美好和自由的大学计划也因为考运不佳而被迫宣布破产。迎面而来的打击还没有过去，杨昭诗又将面对接踵而至的难题——“填报志愿”。那段原本充满欢声笑语的假期成为了杨昭诗最为头痛的时期。

“朋友和家人都说那是一所很棒的学校，值得自己去报一报!”就这样，填报志愿的当天，杨昭诗在志愿计划书上填上了“四川大学锦城学院”。

“高考成绩公布后，我明白自己不能放弃。考研是我继续充实自己和未来奋斗的目标。我一定要考研!”杨昭诗进入大学前就给自己定下了今后四年的努力目标。“其实一开始我也很担忧，觉得自己可能会在中途放弃，担心自己坚持不下去。但是当时没有想到的是，自己真的是想多了。”

2008 年的 8 月，那时初入大学校园的杨昭诗和周围众多的新生一样对这所屹立在巴蜀大地上的校园充满着无限的好奇。“锦城课堂大于天!”是杨昭诗入校以来听得最多的一句话。刚开始杨昭诗认为这句话无非就是高中时期老师天天念叨的“好好学习，天天向上，上课时候要注意听讲”这一类定式教条的大学升级版。只是没有想到，后来的日子里对于这句“锦城课堂大于天”杨昭诗有了自己的看法和见解，也正是这句话给了她坚持考研的巨大动力。

“锦城学院的管理很独特，现在我还记得‘一体两翼、三不放水’当然上课‘三大件’不能少！不过确实很有效。”杨昭诗笑了笑，锦城学院的课堂有着一套独特的管理模式和具体要求，严格的管理制度并没有给杨昭诗带来困苦和任何的束缚感。恰好相反，杨昭诗觉得这是自己的机会，在严格的管理制度下能够帮助自己坚定考研的信念。

“现在想想当初考研的日子，自己竟然坚持了下来。”每天三点一线式（寝室—图书馆—食堂）的生活成为杨昭诗的日常。“就像是文传系的精神——‘夸父逐日’，坚持、不放弃，坚定地追逐心中的目标。”

“现在回想起当初填报志愿时候的选择，我深感幸运！”

“大学，大家之学”

“大学即‘大家之学’，也就是说在大学我们首先应当去学习各种伟大的思想，其次才是学习知识，才是积累技能。否则的话大学就跟一般的技校没有任何区别了。”这是杨昭诗对大学的独特见解。

阅读是杨昭诗最常见的休闲方式，在大学期间她阅读了很多书籍，各种类别都有。她特别关注作者本身，喜欢去探寻他们投射在作品中的价值观和思想。杨昭诗认为一个人最为重要的修炼就是思想的修炼，恰好大学就是一个充满各种思想理论的熔炉，身处其中无疑能得到很多提升。

除了阅读，杨昭诗还有许多别的爱好：“我还喜欢和老师们交流聊天！因为他们很有‘思想’！”

这是杨昭诗对锦城学院最深刻的印象，课堂上老师们不再像是高中时期一般每天对照着标准化的课本单方面地传授上面的知识。思想的博弈是杨昭诗特别关注的东西，也是这一点让杨昭诗喜欢上了锦大的学习生活，老师们独到的见解往往让她在思想的开拓与充实中受益匪浅。

杨昭诗认为思想的重要性大于一切，一个好的思想造就一个好的人。“我这样并不是标榜，不应该模仿。应该去找寻自己感兴趣的，只有这样才能把它做好甚至一直坚持下去。就像我，我喜欢文学所以我才会不断坚持自己在文学领域的深造。”

“如果你家底优渥，你应该好好利用大学时间充实自己，今后才会飞得更高，超越父辈所积累的成就；如果你家境一般甚至贫寒，那你更应该努力，因为和别人相比你从出生就已经落后一大截了。这不是成功学，而是读大学的意义所在。”

“其实大学里面是充斥着各种各样的理想的，而不是清一色的考研、考公务员，社会是多元化的，年轻人的理想不应当仅仅是找个铁饭碗。如果你想当一个匠人，花一辈子时间去钻研，那也很好，关键在于你喜欢，并且擅长。最悲剧的就是，很多人读了大学四年，甚至活了一辈子都不知道自己真正喜欢什么，擅长什么。”在这一问题上杨昭诗是幸运的，因为她早早地就寻觅到了自己兴趣所在。

大学的思想启蒙让杨昭诗从此埋下了一颗对文学热爱并想要将这份热爱坚持下去的心，正因为这样杨昭诗才能在文学的深造之路上一直勇往直前。

既然喜欢那为什么不去做呢？

“我喜欢法律！”

“我喜欢文学！”

“我喜欢武术！”

“我喜欢，所以我愿意去做！”

大学期间，杨昭诗是一个爱好广泛的人。“我喜欢尝试各种各样的新鲜事物。”杨昭诗对未知向来充满着好奇，而这种好奇成为了她前进的一种动力。大学一年级的杨昭诗入学就报名参加了学校武术社的学习训练，每天傍晚都会在操场上参训，尽情挥洒汗水。“这是我当时给自己减压的一种方式，因为喜欢和感兴趣，所以坚持起来并不会觉得很累，相反更能让自己得到很大程度上的放松。”杨昭诗说道，“有压力才会有动力，但是要注意方式和程度，不能把自己给压垮了啊！”

这样的杨昭诗，白天的文静与傍晚的干练呈现出的两种截然不同的形象，给周围的同学们带来了极大的反差，也留下了独特的印象。“我记得有个同学还问过我是不是有精神分裂。”杨昭诗大笑起来，“但是我觉得喜欢的东西就一定要去尝试要去做，不能给自己以后留下遗憾，叹息自己没有去尝试。”

“喜欢的就一定要去尝试、去坚持”，成为杨昭诗对待和处理大多数事情的信条。也正是这样的人生信条让大学时期的杨昭诗做出了让自己都惊讶的决定和选择。

大学二年级，杨昭诗报名了检察官的资格考试。“我喜欢法律，我觉得做人要有良心，我想要用自己的良心去维护自己力所能及的公平与正义。”

汉语言文学专业是没有开设法律方面的课程的，因此网络课程成为当时杨昭诗学习法律知识、备考检察官考试的主要途径。杨昭诗在自己专业课程学习不落下分毫的同时利用剩余时间进行网络学习，阅读了大量法律书籍，一有不明白的问题就到处找人进行咨询解决，求助对象有高中同学中选择了法律专业的好友，也有各种律师事务所。

当时杨昭诗的室友们都觉得杨昭诗能够考上检察官的机会十分渺茫，但是她并没有因此放弃。最终，杨昭诗，一个与法律专业没有任何联系的学生，通过自己的努力成功考上了检察官。“当时没有多想什么，就觉得我一定要去坚持。没想到真的让自己考上了，现在还是挺开心的，以后自己可以选择的路又多了一条。”

你看我像怪兽么？

记者：即将去英国了，心情还好吧？

杨昭诗：我一直都比较淡定。

记者：读博士的话可是需要好几年呢！

杨昭诗：怕啥？

记者：现在女博士的社会舆论挺大的！

杨昭诗：那么你看我是像西游记里的妖怪呢？还是像奥特曼里的怪兽啊？

2015年，杨昭诗成功拿到了英国著名学府曼彻斯特大学（University of Manchester）的offer。经过两次申请拿到offer的杨昭诗并没有众人想象中上蹿下跳般的喜悦，略显淡定的她只是淡淡微笑着："两次申请的经历告诉我，今天的结果那都是必然。"

在申请读博这件事上，杨昭诗从头到尾都不曾放弃。第一次申博的时候因为语言方面的原因被驳回了申请。随后一年的时间里她努力加强了自己在语言方面的训练，并花费了更多的精力准备自己的research proposal（研究计划书）。最终她成功拿到了曼彻斯特大学的博士研究生offer。

在谈及读博这个问题时，记者曾询问道："你听说过'男人、女人、女博士'的说法么？"杨昭诗表示："当然，现在社会上存在很多这样类似的女博士'妖魔化'的说法。与其同这些'有色眼镜'去争辩，不如好好做自己。"

面对社会上对"女博士"的种种偏见以及舆论，杨昭诗并没有什么担心和忧虑的地方。"我的家人都很支持我的决定和选择，再说我并不在乎别人怎么看我。"高学历在现在社会已经成为了一种常态，"就业压力大、对专业感兴趣、工作岗位的硬性要求"都在无形之中推动着大学生在大学毕业后继续读书深造。但是随着学历的增加，杨昭诗的年龄也在增加。

当记者提到博士毕业后会不会担心"大龄化"的问题时，杨昭诗微微一笑："我现在还很年轻呢，有啥好担心的！"杨昭诗表示，对感情问题她从不会刻意强求，"时机到了，缘分总会来的。"

事业、婚姻同高学历并没有必然的联系，“我身边长得漂亮并且情商高的高学历女生有很多，她们现在也没有遇到所谓的‘恋爱难处’，所以我并不会因为现在自己攻读博士而对自己以后的婚恋产生困扰。”杨昭诗在对待婚恋问题上还是一如既往的乐观。

面对社会上给女博士带上的一系列“莫须有”罪名，杨昭诗不曾有过任何负担和惶恐，“我想一方面是因为我不在乎，另一方面是因为家里人都是一致为我加油和给我鼓励，现在很多高学历的女性在这些类似于‘第三类人’的社会压力下做出了很多错误的决定，但是那些所谓的‘第三类人’只是个例，不是普遍。不论今后社会怎样评论我们，我也会用一种理性的角度去思考、用一种乐观积极的心态去面对。”

不知道怎样看自己，只知道怎样做自己

对于未来，相较于同龄人而言，杨昭诗的未来有着更大的选择空间。

“现在，我还处于思考阶段。不过最后不论是当检察官还是去英国读博士，那都是我的兴趣所在，我会坚持下去，不会在意别人的看法！”杨昭诗向来没有太多顾虑，因此对什么更感兴趣成为她考虑问题的首要原则。

“别人的看法就是过眼云烟，慢慢地就散了，没有必要那么在意的。”一直以来杨昭诗都不会在意其他人对她的看法，对于不好的评价也不会做出过多的解释，自考检察官如此、考研如此，两次申请博士亦是如此。

从进入锦城学院就读汉语言文学专业，到前往贵州师范大学攻读文艺学硕士，再到申请曼彻斯特大学的中文研究博士，杨昭诗对文学的热爱从来不曾减少。“一直都选择读中文类相关专业，因为喜欢！”杨昭诗用自己对文学、对中文的热爱照亮了自己未来的道路。

“很多人都曾劝我在专业上转变一下，毕竟众所周知语言类专业的就业前景并不乐观。”特别是在杨昭诗考研前夕，许多亲朋好友们都劝说她更换更有发展前景的专业。

但最终杨昭诗还是坚持自我，毅然决然地选择了文艺学专业，这样的做法一度让一些关心她的朋友们感到些许无奈，但杨昭诗是这样告诉他们的：“如果不能在自己喜欢的事物上继续坚持，只是为了一纸文凭，那么这个研究生并没有必要！”同样的场景，同样的结局重复上演了一遍又一遍后，杨昭诗的很多好友都觉得她没有看清未来和现实的能力，觉得她太过“孩子气”。对于朋友们的这些看法，杨昭诗表示：“难道我把文学深造下去就一定没有未来么？只要能坚持又怎么会不成功？我只是因为单纯地想要多读书，喜欢文学，所以才会做出这样的选择！”

当被记者问到，未来是否还会一直坚持自己所喜欢的事物，不放弃，不后悔时，杨昭诗平静地说道：“看我的大学生涯，练习武术、自主学习报考检察官、考研一直到现在即将去海外攻读博士，甚至面对‘女博士’以及‘大龄剩女’的称号，哪一条道路上没有阻碍和质疑，甚至鄙夷的眼光？在这些过程中我都不曾动摇分毫，未来又有什么可后悔和动摇的呢？虽然现在我无法预测下一秒会发生什么，但是不论做什么我都一定会坚持下去，不会顺从于对未知的畏惧，也不会理会那些无聊的质疑。我不知道他们到底会怎样看我，但是我知道我要怎样做自己。”

杨昭诗笑言：“我一直喜欢的是自己眼中的自己，而不是别人眼中的我。”

心不退转　功不唐捐

——访 2015 级四川大学宗教学博士刘金成

执笔：2014 级汉语国际教育专业胡育凡

指导教师：靳丹

2008 级汉语言文学专业：刘金成

勿忘初心

刘金成，四川大学锦城学院 2009 级校友，出生于四川省自贡市富顺县。7 年前的那个 9 月，他独自背上行囊，来到了锦大文学与传媒系，进入了汉语言文学专业学习。

收到录取通知书的那一刻，他曾一度失落，他原本心仪的专业是哲学和历史，但很快，他告诉自己：既来之，则安之。事实证明，学习汉语言文学不仅为他奠定了良好的语言基础，也帮助他训练出了强大的写作能力。

博尔赫斯曾说："我能想象得到的理想中的天堂，应该就是图书馆的模样。"对此，刘金成深信不疑。大学期间，他没事就经常去图书馆。那时候，锦大的图书馆馆藏还没有太多，他经常去的图书馆是一个位于郫县团结镇的四川天主教神哲学院的内部图书馆，紧邻西华大学。这个图书馆较为隐蔽，不太好找，一般人是不常去的。但是里面的藏书之珍贵是许多高校的图书馆都难以匹敌的，收藏了利氏学社所出的明清天主教文献的全部影引本，这在大陆的图书馆收藏中也算十分难得。刘金成自豪地告诉我们，至今他还保存着当年在锦城学习期间抽空去神哲学院图书馆看书所留下的一大堆笔记。正是这些丰富和珍贵的笔记激发了他很多的想法。另一个去处则是四川大学宗教所的图书资料室，这多亏了系主任毛建华教授的引荐，让他能有机会到那里借阅资料。那里的藏书资料非常丰富，这使他得以饱览宗教学专业的许多珍贵书籍，也让他更为醉心于道教学术研究。

刘金成是个喜欢安静的人，他喜欢窝在家里看书或者写文章。他不常去书店，反倒十分重视网络资源，他认为在数字化时代，学习如何使用数据库检索并获取文献资料是非常重要的。以宗教研究为例，许多重要的国际性课题都是以电子文本或电子数据的形式结题结项的。熟练运用新技术、新方法来做研究是当代学术研究的新趋势，学界对此也已经有了共识，比如黄一农曾提出的"e考据"。

在锦大求学的四年，刘金成一直把自己当做一个存储器，不断往里面添加新鲜的数据，并及时整理旧知识。

他说："围绕读书的一切事情我都喜欢，那时候我到处去听讲座，到处逛图书馆。现在我还记得在宿舍挑灯夜战、熬夜写文章的情形。最让我记忆深刻的是有时候凌晨两三点，脑子里突然冒出一个想法，于是立马爬起来键入文档，那是一种难以言喻的快乐。那种捕捉灵感的喜悦，在很多人看来或是一种疯癫，但在我自己看来却是莫大的乐趣。虽然韶华易逝，但只要一想起曾经有过这种特殊的经历、体验，我还是高兴不已。”

有时候，生命的流转就如同东去大海的江河，一去不复返。但在人生旅途中，总会有几个最美的瞬间，或是邂逅一段风景，或是感受最真挚的情感，或是体会一种单纯的初心。

他至今仍记得刚入大学那会儿在师生见面会上朱亚铮老师的赠言——不要给自己贴标签。虽然事实上某些事情确实会有很多限制，但是尽量不要被标签所限制。

他很感谢锦城、感谢文传，宽松的环境让他能进一步发现自己的兴趣，并自由地展开探索，“更为幸运的是，锦大文学与传媒系给了我继续向前的机会，让我在本科学习期间，喜欢干什么就干什么。找到自己的兴趣，并为之不懈努力，这很重要。”

潜心修行

大二第一学期，刘金成去北京参加了一个集中讨论基督宗教的学术会议，并提交了一篇有关明清天主教论文。聊起这段经历，他记忆犹新，“当时非常有幸得到毛爷爷（毛建华教授）的推荐，我入选并参加了四川大学道教与宗教文化研究所举办的夏令营活动，这是我第一次参加这样的学术活动，正是得益于毛爷爷的鼓励，我才下定决心要在宗教研究方面继续深造。”

虽然，荣誉和奖励并不能说明一切，但一张张奖状见证了刘金成的奋斗和成长。大学四年他曾获得两次一等奖学金、一次国家励志奖学金、优秀学生荣誉称号、优秀共青团干部荣誉称号、大学生创业设计大赛银奖、四川省第八届大学生书法大赛优秀奖等一系列荣誉证书。

其中，最让刘金成难忘的是四川大学锦城学院每年都会举办的特色活动——创业大赛，“这是一个全校性的活动，并不局限于某个院系。我当时是和其他系的同学共同组队，经过了小半年的准备，最后获得了全校的第二名，我们当初的那个创业团队至今仍保持着热切联络，这是我大学时代一段不可替代的珍贵财富。”

锦城学院提供给刘金成的是一个宽松自由的学习环境，这里成为他找寻和培养兴趣的乐土。“除了读书、买书、写点东西之外，我还很喜欢画画，特别喜欢画白描人物，用线条来表达对人物造型结构的感觉，且青睐于画释家和道家人物。早先是临摹《芥子园画谱》上的人物，后来便看到哪里有喜欢的人物图像就临摹下来，然后自己发挥。通过画神仙人物我对道教研究有了更深的了解。”能够把兴趣爱好和所钻研的专业结合起来实属不易，这为刘金成的研究生学习打下了很好的基础。

经过四年的系统学习，刘金成对文学与传媒系“培养泛媒体时代以写作为核心竞争力，以网络技术为辅助手段的文科性技术人才”的人才培养理念十分赞同，他认为自己从中受益良多。“作为文科生，写作能力是必不可少的，无论在本科还是研究生阶段都应该培养和提高这种能力。‘出门混江湖’总得有两下子吧！写作就好比是一把刀，写得好的道理和磨刀磨得好的道理是一样的，那是一种软武器、软实力，是可以用来‘砍人’的武器。技术也很重要，特别是数字技术。它们可以用来包装我们的文字，能让我们的作品形式更加丰富。”

回忆恩师

谈到曾教过他知识、关心过他成长的师长，刘金成很是感激。

“大学期间有很多课程我都喜欢，比如冯宪光老师的‘西方文论’，邱晓林老师的‘外国文学’、傅其林老师的‘文艺美学’等等。”

“那会儿上课，许多同学其实对冯老师的课不太重视，可能是觉得冯老师不讲笑话，不放视频，语速也比较平缓。但我觉得，是冯老师的课让我对西方文艺理论有了一个系统的、整体的、历史的认识。邱老师和傅老师也是文艺理论研究领域的专家，他们的思想给了我很大启发，也引导我去读了许多很好的书。

“教我们古代汉语课的汪启明老师也对我影响很深。众所周知，汪老师在音韵学研究方面颇有成就。郑红老师的古代文学，我也去旁听过，他对字词的讲授很细致、到位，让我收获良多。

“杨骊老师、王韬老师、朱亚铮老师的课也讲得很棒。女老师的课堂往往是感性的，这对于人文学科的学习很重要。她们有时候讲到动情处，甚至会哽咽、落泪，这让我们对作品的理解更加深刻。”

刘金成特别感谢杨骊老师和毛建华教授曾给予他的帮助：“杨骊老师是我的恩师。她乐于与学生沟通，常常分享一些资源给我们，尽可能地为我们的学习提供条件。记得有一次我想去旁听成中英教授在川大的夜间讲座，她得知我晚间住宿不便后立即帮我联系了她的师兄借宿。这样关心、体贴学生的老师，真的很难得！”讲起这段经历刘金成十分感慨。“当然不得不提的还有我敬爱的毛爷爷。他对我特别地关照，我很感激他对我的关心，这至今让我铭记在心。”

除了感激，刘金成还十分关心学弟学妹的成长：“我希望学弟学妹们都能够青出于蓝而胜于蓝；更希望母校能越办越好！”

止于至善

“生命不止，奋斗不息”。对于刘金成来说，大学时光已经成为过去式，在人生的分叉路口，他毅然决然地选择了考研：“我考研的动机很单纯，就是为了在知识上能进一步丰富，没有其他的谋划。只是单纯地想继续学习下去。”

当年刘金成想要报考的研究生专业是四川大学道教与宗教文化研究所宗教学专业，但或许是命运的捉弄，他并没能顺利如愿，而是调配到了云南大学的宗教学专业。虽然有一些小小的遗憾，但这并不能阻碍刘金成在宗教文化研究方向的进一步探索：“我一直都比较喜欢宗教文化，到哪里都是看书，学校并不是最重要的。”

聊起如何读书，刘金成总是滔滔不绝：“看各种文献，不光是书，专业书要选好的看，要跟紧最前沿的研究。我们这个专业很偏很冷，全国范围内的研究者并不多，做得好的就更少，算是比较容易出成绩的。当然，现在国内的宗教学是作为哲学的二级学科建制的，相对来说有所限制。我的学习方法就是多看、多学，多了解不同的方法、不同的观点。当然要消化这么多的东西自然需要眼力、能力和精力。”

真正的勇士敢于迎难而上，刘金成从来都不是懦夫，他选择披荆斩棘，勇往直前。他相信心境澄明，方能一心一意，有所作为。

本科和研究生阶段，刘金成独立发表了多篇论文，包括：《从道教善书探三教融合——对〈关圣帝君觉世真经〉的研究》《性命双修　身心和谐——浅谈道教的生命智慧及其现代意义》《马仙信仰与道教养生》《花开有时　香满五洲——道教的济度传统及其世界展开》《祭龙：哈尼族“昂玛突”文化图式的跨界转喻》《明清时期儒道佛融合之一隅》《梵僧指空的禅学初探》《天主十诫中的和谐理念》《天主教东传文献邵辅忠〈天学说〉初探》《忏悔与超越：论奥古斯丁与吴经熊的信仰观》《明清佛教在地方与儒道的融合——对自贡市富顺县〈三教祖师赞〉的研究》等。

除了发论文，他还多次参加各种与专业相关的研习活动：如2014年7月，由北京佛教文化研究所、清华大学哲学系、复旦大学佛学研究班、加拿大英属哥伦比亚大学（UBC）佛学论坛联合主办的“2014佛教与东亚文化国际（暑期）研修班”；2014 年 8 月，由台湾三清道家道教文化基金会主办的“2014 两岸青年道文化研习营”；2014 年 12 月，由中国佛教学院、峨眉山佛学院、峨眉山大佛禅院主办的“2014 年佛教与东亚文化国际寒期研修班”；2015 年 8 月由复旦大学中华文明国际研究中心举办的第三期“中华文化与中国宗教研究班”等。

在刘金成眼中，本科阶段和研究生阶段其实并没有太大不同。两个阶段都是看书学习，只不过读研时的他更加意识到外语学习的重要性，“除了课程要求的英语之外，我自己还学习了日语，多一门外语很有必要，能为自己多辟一条路。”

他很庆幸能遇到他的研究生导师，“我很感谢导师郭武教授，他擅长于道教史的研究，特别是在道教宗派的历史问题上多有建树，而且他的研究具有国际视野，在国际学界也颇有影响。他对学生很关心，常常与学生交流，我很感谢他对我的关心和教育，遇到他是我的幸运。”

读研期间，刘金成还获得了国家奖学金，“这也算是弥补了本科期间留下的遗憾吧。”

目前，刘金成即将在四川大学继续博士阶段的学习。

对于未来的路，他只想说：“心不退转，功不唐捐。”

02

走出象牙塔 文传学霸

第二编 博学于文 化成天下

博学于文，然后化成天下，大约是古往今来所有知识分子之共同理想与最高目标。

何以博学？

朱熹曾言：天地万物之理，修已治人之方，皆所当学。天文、地理、礼乐、制度、军旅、刑法，皆是着实有用之事业。大而天地阴阳，细而昆虫草木，皆当理会。一物不理会，这里便缺此一物之理。因此，所谓博学，须是开阔，方始拓展。

然而，仅仅是博学，绝非求学者之终点，君子还当以天下为己任，观乎人文，然后化成天下，毕竟“士不可以不弘毅，任重而道远。”

有鉴于此，四川锦城学院文学与传媒学院长期秉承“培养泛媒体时代，以写作为核心竞争力，以网络技术为重要辅助手段的技术型文科人才”的教育方针。坚持两步走、两手抓。既重视基础教育，追根溯源，回到文科根本，将写作能力视为文科学生的“核心竞争力”，引导他们博览群书，学贯中西。又加强技术培养，追踪前沿，紧随时代发展，让学生“十八般武艺”，样样精通，足以在互联网世界里肆意驰骋。

是以，锦大学子毕业后，绝不困囿于“专业不对口”亦或“就业路径狭窄”之难题，无论是跨专业考研，亦或攻读双学位，于他们而言都不过是稀松平常之选择。他们坚信博学精进，道术齐修，方能应家国所托，担时代重任。

从锦城学院走进北大校园

——访北京大学研究生王林琳

执笔：2012 级新闻学专业秦天

指导教师：张超

泰山不让土壤，故能成其大；河海不择细流，故能就其深；王者不却众庶，故能明其德。

——题记

2005 级对外汉语专业：王林琳

她是四川大学锦城学院的第一届毕业生。她不仅见证了母校的成长与壮大，也是母校成长建设的亲历者、参与者。

她是四川大学锦城学院第一位考入中国最高学府——北京大学的毕业生。她把在母校的所学所思所得带到了首都，带进了令她魂牵梦绕的燕园。

她是王林琳，四川大学锦城学院 2005 级文学与传媒系对外汉语专业的学生。

新建校园内追寻梦想

作为四川人，王林琳对四川大学悠久的办学历史早有耳闻。2005 年高考后，她毅然选择报考了由教育部直属重点大学四川大学申办，中外16家企业投资的全日制普通本科高等学校——四川大学锦城学院。对于这所初生的高校，王林琳坦言自己是第一批敢于“吃螃蟹”的人。“2005年是锦城学院创办的元年。一切都从零开始，我们是第一届学生，没有学姐学长作参照，全新的校园、全新的校址、全新的环境，这不正为我们提供了一个新的起点吗?”王林琳说，锦城学院依托百年名校——川大创立起来，在这点上看来也不是从零开始，作为川大的战略延伸，川大的百年积淀为锦城学院注入了无限的动力!

王林琳不仅被锦城学院的无限活力所吸引，也被锦城学院里的一大批优秀卓越的教授和管理者所折服。她所在的文学与传媒系有不少川大老教授。“系主任毛建华爷爷，曾任四川大学文学与新闻学院党委书记。他不仅拥有渊博的学识，在民俗文化领域是全省专家级的人物，而且也有丰富的管理经验。在毛爷爷初任系主任时，他就为我们系的学生制定好了长远的计划。”当记者为王林琳介绍文传系目前实施的“成才辅助计划”时，王林琳透露出了羡慕之情：“我们当时入校时，毛爷爷虽然也对文传系的发展作出了长远规划，但毕竟没有这么细致。经过这么久的发展，系上已经形成了一套人才培养体系。我为我的弟弟妹妹们感到高兴!”

正是在文传系精心细致的培养下，王林琳才走进了北大的校园，对此她深有感触。初生的文传系虽然历史不算悠久，但在2005年建校之初就聘请了一大批优秀、负责的老师给第一届学生授课。“我记得给我们上‘古代汉语’的是川大老教授伍宗文老师。他上课不苟言笑，确实十分严格，但只要你跟随他的思路，就能在古汉语的世界中尽情遨游。”

青春舞台上释放活力

现已在广西壮族自治区民政厅工作的王林琳，对于自己的大学本科生活依旧感慨良多。在大学本科期间，毛建华主任以培养写作能手为目标，王林琳便是其中的受益者之一。“现在我在政府部门工作，绝大多数文科生进入政府部门就是‘笔杆子’。本科期间的大量阅读、写作训练为今后的‘写作生涯’打下了坚实的基础啊!”不仅如此，她还认为本科的学习不仅是技术层面、知识层面的，它对本科生形成自己的人生观价值观也会起到重大作用。“高中是相对封闭的，大学就如同一个小社会。在大学期间学到的知识、技能会影响你一生。”王林琳身为一名国家公务员深深感觉到，在锦城学院学到的待人真诚、求真务实的处世态度帮助自己不断前进。

本科期间，王林琳积极参与了学校倡导的“三练三创”（即“吃苦耐劳意志训练、组织纪律与团队精神训练、职业素质能力训练”和“创新思维、创造能力、创业精神”）实践活动，在提高自身个人素质的同时，还积累了社交经验。今天，回首那段岁月，王琳琳依然心存感激。在重视学生创新创业能力的锦城学院，初入大学的王林琳顺利地进入了一个旨在传播中国文化的学生模拟公司，大二时，还任副总经理一职。如今几年过去了，王林琳依旧感慨，担任学生干部给她带来的很多宝贵的东西，使她有机会接触更多的人和事。从不适应到适应，从陌生到熟悉，从只身一人到团队协作，她深刻地感觉到，无论从哪个方面讲，收获的东西很多，也很珍贵。王林琳说：“刚刚担任副总经理之初，有时工作来得很急，要赶着去做；有时任务很多，要认真去处理。但不管怎么样，在当时心里只有单纯的一个想法——把工作做好。我身为学生组织的负责人之一，要竭尽全力去处理好这些事情。同时，就读于对外汉语专业的王林琳本就热爱中华文化，想要把中国最传统、最动人、最具有中国气派的文化精髓向世界传播，她所在的公司也开展了一系列这样的活动。从最初开始构思，到彻夜写策划，最后付诸实践，这一切都倾注了王林琳大量的心血，她毫不后悔地对记者说："这是我喜欢做的事情，我肯定要全力以赴。"

除了积极参与到自己所在的模拟公司的各项活动中去，她还广泛参加各种比赛活动以更好地完善自己。在演讲比赛的舞台上，有王林琳执着的身影；在辩论比赛中，王林琳作为主辩手，力压群雄，冲到最后关头；在文娱活动中，王林琳也一展风采。谈到这里，作为学姐的王林琳也想给学弟学妹们一些忠告："大学四年时光转瞬即逝。有的人荒废四年，最终一事无成；有的人充分利用时光，综合素质得到了极大提升。本科的时光宝贵，弟弟妹妹们一定要珍惜啊！"

一片叶子属于一个季节，年轻的莘莘学子拥有绚丽的青春年华。现已踏上工作岗位的王林琳，用她的亲身经历为学弟学妹们讲述着她的所思所得。

浩瀚学海中探求真理

活跃在各种舞台上的王林琳，对于自己的学习一点也没有放松。认真听讲、做好笔记、课后复习、查阅资料是王林琳对自己最基本的要求。"某种程度上，我自己是个文娱积极分子，但我清楚课程学习是最重要的内容。任何时候，我都没有放松过对自己这方面的要求。"王林琳说。

王林琳认为，大学本科课程的学习难度并不是很大，难的是需要坚持。最糟糕的是，你周围的小伙伴已经坚持不住，路上只有你一个人。但有一点王林琳坚信，只要准备好，学习的胜利终会到来。在本科四年中，王林琳的成绩并不始终拔得头筹，大多数时候排在班上的前10名。

说起当时的课堂教学，王林琳滔滔不绝。当时为文传系对外汉语专业上比较文学课的授课者就是锦城学院外国语系的主任冯川教授，直到今天王林琳对冯老的印象也十分深刻。“冯老师是个极具个人魅力的教授。他本身就拥有着传奇的人生经历，再加上他博览群书，为我们当时2005级文传学生打下了坚实的人文基础。”一流的教师，再加上科学的课程设置助推了以王林琳为代表的一大批2005级学生的腾飞。“我们文传系的课程设置绝不是照搬照抄当时川大文新学院的安排，而是结合我们学生的特点。”王林琳这样告诉记者，“虽然当时绝大多数老师是直接从川大请到锦城学院授课的，但毛爷爷在建系之初就定下了‘培养泛媒体时代技术型文科人才’的培养目标，所有课程设置和安排都以培养写作能力为核心竞争力，同时兼以网络技术，为文科人才又插上了网络技术的翅膀。”在今天回忆起当时的情景，王林琳仍然颇有感触，她清晰地记得所有任课教师都能帮助自己学好课程知识，答疑解惑，这为她日后考入北大打下了坚实的基础。

当记者问及王林琳在本科学习中遇到的困难时，她沉思片刻，笑着对记者说：“如果说困难，其实也谈不上。毕竟我们是第一届学生，各方面条件不如你们现在。我个人感觉那时图书馆的条件艰苦了一些，那时忠孝大楼一至三层中间的圆形房间用来当作临时图书馆，藏书少，座位少，和现在的‘白宫’图书馆完全不能比！”

默默坚守中圆梦北大

王林琳是四川大学锦城学院第一位考入中国最高学府——北京大学的毕业生。她和很多人一样，在心底一直保留着一种情愫——北大情结。

王林琳决定报考北京大学的研究生是在大三时，在那之后，她为之付出了不懈努力。当被问及为何会选择报考北大时，王林琳说："其实这个问题很简单，我是一个文科生，从小就有一种北大情结。北大在我心中就是最理想的求学圣地，所以我想在研究生阶段到北大学习深造。"

在备考期间，王林琳全身心投入其中，排除一切干扰。笔者问王林琳在备考期间是否感觉到很大的压力时，她认为考北大这件事是自己给自己定下的目标，考研就是一个学习的过程，自己感觉不到十分大的压力。"我一般早上 6 点多起床，晨读过后就会到自习室学习，午饭后小憩一会儿，然后继续学习。每当完成当天的既定计划，内心就会感到十分充实。"王林琳自己透露，她在备考期间，晚上离开自习室比较晚，"一般都是晚上 11 点多接近 12 点了。"王林琳非常清楚考北大的难度，但她从未放弃，"因为我始终清楚我自己要的是什么！"但在当年的硕士研究生全国考试中，王林琳失利了，与北大失之交臂。

"一开始我就清楚其中的困难，当我得知自己当年考研成绩不理想时，没有抱怨，没有气馁，想法很简单，继续准备。没考上就说明自己在备考的一年中准备不充分，知识还有缺漏，努力不够。除此之外，没有其他原因。"王林琳在得知自己当年研究生考试成绩时，这样告诉自己。

2009 年 6 月本科毕业后，王林琳毅然做出决定，她要到北京去备考，迎接 2010 年的全国研究生考试。王林琳去北京，本是想有机会到北大听课，提升自己的专业知识，但到北京后更多时间她还是选择一个人在北京的出租房里静心复习考研知识。"第一次考研后，我发现自己在锦城学院备考期间，确实花费了大量时间，但效率不高。我在北京一个人复习，能够让自己拥有更安静的环境和明确的目标。"只身一人来到北京复习备考的王林琳，没有家人的陪伴，没有同学的同进同退，一个人在追求北大的路上挺进。

"考研路是漫长的，是艰辛的——不论是不是能考上，你都收获了不同的成功。当你感觉无论如何努力也不见丝毫进展时，你会心烦气躁，不能收束心神安心学习。这就像爬山，当你走在崎岖的山道上，感到筋疲力尽的时候向上仰望，看到的仍是山的时候，你需要的是坚持，坚持，再坚持!"今天已经离开校园，踏上工作岗位的王林琳回想起那段考研经历，内心依旧激情澎湃。每当王林琳疲惫、焦虑的时候，她都能从容应对，她的理智始终能战胜她的情绪，"可能是我的性格原因，内心足够强大吧。我在大学本科期间就喜欢在假期和朋友长途徒步旅行，那样的经历锻炼了我。贡嘎雪山上留下了我的足迹，原始森林中也有我的身影。"正是这样的经历支撑着王林琳在漫漫考研路上一直走了下去。

在2010年的北大研究生考试中，不负所望，在经历了初试、复试的层层选拔后，王林琳从170多位来自五湖四海的优秀学子中脱颖而出，以优异成绩被北京大学国际汉语教育专业录取为硕士生。也许考研路上王林琳错过了很多风景，然而她坚信，考研学子不到达顶峰，就永远也不能领会"会当凌绝顶，一览众山小"的气概，永远不会有那种气吞山河、舍我其谁的豪气！当成功降临的时候，王林琳觉得一路上的汗水辛劳没有白费！在2010年的9月，她背起自己的行囊，如愿走进了北大校园。

深情祝福里充满期待

现已从北大毕业的王林琳时刻挂念着她热爱的母校——四川大学锦城学院，时刻牵挂着她的学弟学妹——文学与传媒系的学子。对于想通过考研来提升自己的学弟学妹如何选择报考的学校，王林琳给出了这样的建议：只有一个原则，选择你所爱，爱你所选择。不要考虑报考学校的难度、竞争的激烈等，没有谁能百分百地肯定自己能上哪个学校，考到最后，就会发现，考北大和考其他高校并没有实质性的区别，都得一样地全身心投入，一样地竭尽全力付出，一样地辛苦。

同时，她也认为，考研的那段经历会成为自己人生道路上最宝贵的财富，也许那段很是苦闷的日子会助推自己不断前行。但王林琳最大的感悟就是：相信自己能行，这样就一定能做到的；还有要做好计划，做好总结。考研给予她最多的是：做什么，都要坚持，坚持到底。在考研路上，最关键的是热情和兴趣，如果没有这两样东西，是很难坚持走下去的。有一个梦想已久的地方，为了奔向它而努力，于是，再辛苦的日子都会泛出甜蜜。

除此之外，身为学姐的王林琳也想对文传学子们说："弟弟妹妹们，珍惜你们的大学时光吧！只要你们肯在此期间付出更多，你就可以得到更多。享受你们的大学时光，并且用好它，想清楚想明白今后的路，做一个不负青春的锦城青年、文传学子！"

岁月如河　流向远方

——访电子科技大学硕士何流

执笔：2014 级汉语言文学专业汤成米

指导教师：傅仕彬

2006 级新闻学专业：何流

何流，四川大学锦城学院 2006 级新闻学专业学生，2011 年考取电子科技大学新媒体专业研究生，2013 年获得硕士学位。她在锦城学院就学期间参与拍摄的纪录片《二胡老人刘丽光》获得当年四川省“金熊猫”国际大学生最佳人文纪录片提名奖，她参与创立的《OURS》电子杂志社让我们这些后来者受益良多。她身上的那种向上昂扬的姿态，多年以来，一如既往。

照片上的她短发利落，笑容温暖，稍矮的个子里隐藏的是不容置疑的坚定力量。人如其名，她真的就如河流一般，终将汇入海洋。

2015 年前后，她离开成都远赴北京，而今天的她，又重新出发前往澳大利亚。

她不喜欢一成不变的生活，但她的心境却从未改变。在她的身上，你大可以窥见一种随时出发的洒脱和“此心安处是吾乡”的从容。

我不是一个功利主义的人

2009 年的冬天，读大三的何流收拾起行囊，心头挂着几分对未来的迷茫，穿过了南国的千里烟波，去了一趟厦门。

她的语气温柔：“第一次看海，就觉得很美。”

后来的她便义无反顾地想要考厦门大学的研究生。她的同窗兼好友鄢山宇学姐赞其“有勇气”。而当她自己回忆起年少的岁月，坦然道：“我看中这个东西后，不会去考虑太多，得失方面没有那么在意。”

在一番辗转之后她却去了电子科大。对于理想和现实的差异，她十分平静，“多多少少会有一些遗憾，但考量一下之后的发展，你会发现每个选择都各有侧重”。

文学与传媒系系主任毛建华教授谈到何流，说她“是一个很执着的人”。何流学姐在第一次考研失利后，以跟读生的身份在电子科技大学学习了一年，“学习压力是很大的，但是她却坚持了下来，并且有很好的成绩”，这很难不使人对她产生敬佩之情。

千帆过尽，让我们把时光拨回到 2009 年的夏天。秒针静止，轻轻挣扎，弹动了第一下。

“学校很支持考研，更会提供各方面的帮助。”对于考研，何流最难忘的便是那时专心念书的氛围，“所有的事情都会为它让路。”从大三的暑假开始，学习便成了考研学子们一心“沉迷”的事业。

对于何流来说，选择考研“只是一个很短期的人生目标”，她不是一个规划足够明晰的人，但她是一个足够坚定的人。她的启程这样简单：

“我还没有过够这种生活。”

她说她很享受学习带来的一切，无论是课堂教学还是假期实习，而研究生的学习能带来这种感受的延续。鄢山宇学姐这样谈道：“她不是一般意义上那种刻板的学霸。她热爱学习，也热爱生活，她和别人不一样。”何流的辅导员郭可欣老师也称赞她是“很踏实的一个人”。多年以后，谈及备考经历，何流学姐笑道：“那个过程对我来说，特别棒。”

那个过程是最值得怀念的

在考研过程中，她认为“心态的把握是最大的困难”。

那个时候学校刚开始只提供了两间考研自习室，后来才又增设了两间，鄢山宇说：“何流考研那会儿我们联系特别少，因为按她的规律早上起来就去教室，晚上十点过后才回来，收拾收拾就又是新的一天。”不止是何流，所有的考研学子都在那里日复一日地学习，只看时光在窗外飞驰而过。

何流说自己是一个“特别不适合长跑的人”，打基础的时候，还没有什么明显的感受，只觉得路要一步一步走，背单词、背书、做题，“刚开始会特别有热情，到后来有一段时间会有坚持不了的感觉”。厦门大学的考试内容中，公共关系学和广告学占的比重较大，但是当时学校为新闻学专业开设的课程中，这两门属于通识类课程，在向前摸索的惶惑中，“你发现你的答案与标准有出入时，你会焦急，会没有信心，会给自己一点点暗示。”

怎样在精神上进行突围，是大部分考研人都会面临的窘境。“我去过一次那个教室，特别压抑。”即使是旁观者也能感到那份辛苦，鄢山宇谈起那时的何流，“你可以从闲聊中，听她偶尔提起，感觉到她这段时间压力挺大的。”何流生性乐观，但她说那是她“最压抑的一段时间”，“很焦虑，心情特别的起伏。”

所幸学校十分注重考研的指导工作，文传系的老师们更是力求为考研学生提供良好的心理辅导和全面的信息咨询，以便让学子们少走弯路。对于这个精神难题的突破，老师的关怀成了关键部分，“那时我们学校不是有专门做心理辅导的老师吗？以前我就和她聊过，那个时候我又去找她，聊了一次。”在老师的开导和鼓励下，她的心境渐趋平和。她说：“调整好状态后，会有豁然开朗的感觉。”

她认为压力的释放在考研后期会起到很大的作用。同学之间的相互鼓励也有利于压力的释放，当时她的对面寝室中也有女孩要考研，平日里大家便在一块互相打气。慢慢地，行至后期的何流以从容替代焦虑，时间愈少，反而愈是享受。“因为当时很坚定地喜欢那个学校。每天，都一点点地离它越来越近，会享受，也会很期待。”

“这段时间，它一直都在那里。”现在的她在经历种种过后，对过去的问题看得更加真切，“心态不好，是因为你有得失心，惧怕失败。但是即使你这一步没有走好，以后也会有别的来弥补，其实没有什么差别。”她对学弟学妹的建议便是：“大家不要看得那样重，把它当作一种经历就行了。”

这段经历早已成为她人生中不可或缺的一个部分，她的言语之间全是怀念：“那个时候啊，你在短期内认定了一件事情，然后你真的一心一意地去做，发自内心地去做。”这种挑灯夜战，闭门读书的体验，是在未来的日子很难找寻到的。

她说那时候养成的做笔记的习惯，使她受用至今。她喜欢在书中做标注。“你复习肯定不止看一遍两遍，这样做可以看见思路上的变化。”她乐于理解和分析，“文科不仅仅是背，而且要真正地理解”，在她看来，举一反三比闷头前进更行之有效。

“你觉得考研这段经历对你最大的改变是什么？”

“不管是学习方法还是看待事物的观点，都有一些改变。本科学习时我只是感性地去吸收一些东西，但是在考研的过程中，你可以学到较为系统的学习方法。同时你会感觉，你突然站在了一个更高的台阶上。对于很多东西，自己会有一种通透的感受，比如一个传播事件，以前的你会停留在表面上，但那时候你会感知到其中的脉络所在。”

有人说，考研是对高考失利的一种补偿。但实际上考研和高考不一样，至少在何流看来是如此。考研是属于私人的选择，这更加显示了学会选择的可贵。参加高考的人成为一股洪流，你身处其中，感受着仿佛愈来愈长的战线，到后来反而麻木。而对于考研，“你自己在做这个选择的时候，可能会和那时候不一样”。

而你要知道，即使这个选择的结果能如你所愿，带给你的也不是百分之百的成功。

何流谈到自己在读研之后，愕然发现“你考了研，哪怕是很好的学校，甚至是清华北大，但是很多地方看你，仍然是你的本科”。这样的故事如今依旧发生着，但是考研的意义不能因此被局限，在研究生阶段，你会感受到不同学校的教学氛围，你也许会找寻到自己真正喜欢的方向，你在一个新的地方梳理自我，重塑自我，这样崭新的人生经历，焉能不使人庆幸？

后来在清水河畔学习的她，对命运的安排多少有些失落，“但是现在想起来，其实也没什么”，后来的人生会告诉你，不论抵达的是哪个地方，都会对你的成长有助益。

她依然感动于读研究生的那几年，虽然相较于本科更加辛苦，但“那是另外一种快乐”。她的研究生生活也过得十分丰富，系主任毛建华毛爷爷提到他前不久去参加电子科技大学的学术研讨会议时说：“谢梅教授，电子科技大学信息管理与传播系主任，也是何流的研究生导师，在会上展示的优秀毕业研究生，第一个就是何流。”

但何流仍真诚地建议要读研的同学“可以有一个心理预期，在本科时你还是真真正正的一个学生，但是到了研究生后，在学术上，你需要在你的领域钻研得比较细致，而另一方面，你的导师，一半会是你的老师，一半会是你的老板”。成为研究生后，你其实和选择工作的同学是有相近之处的，你也许会遇见严厉的导师，也许会遇见各类繁忙的事物，这时心态的转变便更显得重要，若是心态上转变不过来，依然带着留恋过往的执念，会浪费匆匆而逝的光阴。

不过最重要的依然是兴趣，“这样的话，所有的事物反馈给你的，才会是比较快乐的感觉”。

我不禁好奇问道：“有没有想过当时没考上研究生怎么办?”

她的笑声中藏有几分豁达：“那就应该去找工作了。”

观其奋斗的历程，一句“成功不必在我，而功力必不唐捐”，可谓意尽。

那时我们有梦

2008 年，经历了 5・12 大地震后，她和鄢山宇等人一起做了一期电子杂志，并在学校引起了不错的反响。

“当时看到那些新闻，内心很澎湃。”

她们发动同学做采访、写文章，托老师作序，熬了一个晚上将电子杂志做了出来。不只是做一期电子杂志的满足感，更多的，还有一种使命感。“我们正好遇到的是那种事情，你好像在出一份力，有新闻理想在里边。”

构建仿真实训平台本就是当时文传系的计划。在学院的带领和鼓励下，电子杂志“OURS”（我们）面世，时至今日，我们这些后来者依然受益于此。后来，这本电子杂志在2010年获得“四川高校最佳新媒体”奖。

“对于新东西，她是一个把门敞得很开的人。”鄢山宇这样评价她。大三的时候，正好对电子杂志感兴趣，何流就和鄢山宇去找了系主任毛建华教授，获得支持后，和大二的几个同学一起办了几期。对于新事物的尝试，她不会太过衡量得失，觉得有意思便去做了，“有个东西摆在那儿，特别好，你就会想要试一试，或者是怎么样。”

2009年，何流所在的“劲草”团队因一部纪录片《二胡老人刘丽光》获得了当年的四川省“金熊猫”国际大学生最佳人文纪录片提名奖。在感谢院、系领导的重视与推荐之余，她仍觉得获此殊荣“实属出乎意料的事情”。艰难的拍摄经历使她记忆深刻，她觉得当时的场景还是历历在目，“能够使老人生活有所改善，这也是我们的初衷。”

一路走来，初心不忘。

“对于锦城学院，你最难忘的回忆是什么?”

“难忘的回忆啊……”何流笑了笑说，“我们学校的那个农场给我的回忆比较多。”锦城学院不仅重视学生的创业创新精神，更将劳动纳为学生的必修课，2006年是锦城农场刚推广的时候，对于农场开垦的艰辛，没有比早期的锦城学子体验得更加深刻的了，虽说辛苦，但却收获了不一样的人生体会。

锦城学院出色的师资配置也给何流留下了深刻的印象。“老师是川大的老师。那个时候老师讲课，有好几个老师都蛮受同学们喜欢的，印象也挺深。”她热爱体验，追求新奇，这和学院的应用型人才培养方针不谋而合。老师在课堂上随口提及的新鲜文化她都会去体验一番，更别说那些形形色色的课堂报告和社会实践了。

更何况那个时候“总会有几个比较好的朋友，因价值观、人生方向比较相似而彼此走近，聚在一起，真真正正地去做几件事情”。不管是一起去拍摄纪录片，还是平常的课堂报告，她这样形容这种感觉：“很快乐，很轻松，但又不觉得浪费时间。”

学院鼓励创新，鼓励合作，在这样的氛围熏陶下，她在后来的人生中已然获得了另一种优势。

后来读研究生的时候，在做一些文献综述和报告之余，她还和同学做了一个“我在成电拍银杏”的活动，可谓首创。她谦逊地表示这其实是很普通的一个活动，放在任何一个社团都可以完成，不一样的只是在于“我觉得这个东西可以一直传承延续下去，一直到现在都会有人觉得成电的银杏很美，从这一点来说有一点成就感”。电子科大是一所理工科院校，和川大相比较缺乏一点人文气息，她们便以此为目标，从策划到找人，再到执行，直至最后形成报告，“把这个活动做了出来”。两个目标相同的人，为之奔走，为之努力，使银杏之美为更多的人熟知。后来，“据说，现在这个活动每年都在延续，名字也还在用”。

回首往事，满眼韶光。

“那个时候不懂学校，觉得农场是哗众取宠，但现在越来越亲近大自然后，想来也是不错的体验。”

“那个时候听老师讲课，觉得特别高深，但后来考了研之后，才觉察到里边的方法脉络。”

“别的话，食堂饭菜挺好，还不错。”

“还有同学呀，总有一些很好的朋友，会让你觉得，觉得……”

那是最棒的一段时光。

现在的她早已不是冲动的少年。她后来做过一年新闻，也遇上一次地震，理想依然炽热，但内心却平静了。求道的路径不止一条，她做过编辑，做过新媒体，看似离新闻越来越远，她却说：“其实仍然想做一些事情，只是走的路不一样了，方式不一样了。”

她在北方的城市中，怀想曾经。电子杂志现在还有人看吗？农场是否已变了模样？春日浓时，校道两旁的杨树可还会飞絮？

一尾鱼跃出春天的湖面，落入水中，荡起涟漪，消弭，再不复见。

“四年在学校，过得很愉快。”

没有觉得一定要做什么

当她下班回家，在地铁上听见身旁有人聊着创业项目，这种在成都难以遇见的场景，依然会给她带来一种荒谬的感觉。

这是北京，她独自奋斗的城市。

在电子科大读完研究生后，她在成都工作了一年半左右的时间，于《华西都市报》做记者。川南片区的新媒体不是那么的发达，在 2012 年下半年至 2013 年间，新媒体行业开始慢慢“退烧”，对这一行业感兴趣的她，遂决定换一个地方重新开始，“因为北京机会更多，然后就决定去北京”。

北京作为首都，媒体类、IT 类聚集其中，相对来说，它拥有更多的资源。她刚开始做过一些文案，后来也接触过杂志，不过现在依然在做与新媒体有关的东西。

总之，她乐于去尝试和探索。初到北京时，她处于一个比较矛盾的状态——觉得自己算是一个新人，但其实已经拥有了一年多的媒体经验。旧的认知与新的理念在发生碰撞，这是一种全新的感受，“就像一个人，他本身固有的一些东西，如生物上所说的，他体内有着固有的细胞，这时忽然有外来的东西，它就会形成一种对抗。”

无论身处何方，我们都能从她的身上见到这样向上昂扬的精神姿态。

独在异乡的日子里，也许会有迷茫，也许会有无助，但她说“有得有失，总会这样”，人生亦复如是。这里有成千上万带着梦想的人，有处于前沿的各类行业，人们来到这个环境会不自觉地去思考很多问题，这是环境造成的思索，从某种程度上来说，其实“会有一种轻松向上的感觉”。

她走在自己的路上，因前路的未知而更加兴趣盎然。

“没有觉得一定要做什么。”她这样说道。人生应保持一种留白的意趣，更何况，万千道路，其实不过是殊途同归。新闻专业出身的她，在研究生期间学习的是传播学，它与新闻有相同的理论，但也有不同之处——传播学有许多实践性传播理论，技巧性的东西占的比重比较大，而新闻，则有一种人文关怀在里面。二者虽有不同，但都会给人以启发和乐趣。去年一年她都在做中国网的频道，也会接触一些新闻，“以另外一种形式来表达一些东西。”

对于未来，她十分谦逊：“我还在学习各种专业知识和技巧，可能要在不断的学习中，才会找到方向。”

我觉得她从未改变

“她看着特别小，眼睛又大，嘴巴又小，像个洋娃娃。”若干年后，回想起2006年的那个初秋，鄢山宇学姐这样描述她们的第一次相遇，内心感动依旧。

“她还是我认识的那个样子，做自己喜欢的事情，自己能够做到的都坚持做下来了。”很多人都会为生活所羁绊，会结婚，生孩子，遵循父母的意见，“但她能按照自己的意愿走，有勇气做这么多事情，我觉得挺好的。”鄢山宇学姐感慨道。

其生长，不蔓不枝，其心境，质静无华。她就如同河流一般，越是蜿蜒流淌，便越是和煦自如，她将锋芒藏于温润中，自如地周旋于这个世间，并坚持初心不改。

从锦城学院出发，流淌至今，也许，她已经再次遇见了那片海洋。

锦城学院　梦想起航的地方

——访四川大学硕士仲杰

执笔：2013 级行政管理专业杨烴

指导教师：曾瑜

2007 级汉语言文学专业：仲杰

从四川省广元市到车水马龙的成都，最后到仲杰的目的地——锦城学院。仲杰“二进二出”四川大学锦城学院，这其中对于他来说更多地是不舍以及对未来生活的憧憬。仲杰作为高中毕业生填报志愿来到了锦城学院，研究生毕业后又以辅导员的身份再次进入这个给他留下深刻印象的学校，最终还是选择了离开，他说：“我与四川大学锦城学院有着一份特殊的感情，永远也无法忘怀。当它需要我的时候，我会毫不犹豫地站出来。”

他就是来自四川大学锦城学院文学与传媒系 2007 级汉语言文学专业的优秀毕业生——仲杰；他是笔者崇敬的学长，更是笔者在大学的第一任辅导员——仲杰老师。

他毫不夸张地说："让我倾注最多感情并且拥有最多回忆的地方就是锦城了。直到现在，每当我想起锦城和在那里发生的一切事情，心里面都充满了光荣与骄傲。在读书的时候，作为一名学子，我感受到最多的是锦城和文传对我们的关怀与培养；而在做辅导员的那一段时间里，我则体会到了在锦城学子硕果累累的背后，教师们的辛勤付出。总之，在我成长的旅途上，锦城应该是最为重要的一站。"

坚持、勤奋，不负我的大学生活

仲杰两手空空来到这个陌生的地方，他说当时一眼望去，就有一种"学校很大，也很空旷的感觉"。当时的学校比起现在来说少了很多店铺，也没有商业街、小吃街等等。他对自己的前途很迷茫，完全不知道在这四年中能收获什么，四年后能够带走些什么。

后来谈到为什么会选择"汉语言文学"这个专业，他腼腆地笑了笑说道："其实最根本的原因并不是喜欢这个专业，而是为了逃避数学。我的数学从中学开始就没有打好基础，因为自己的数学很差，对数字类的学科天生就没啥兴趣，数学成绩一直都是班上的倒数几名。"他坦白说，每次公布数学成绩的时候，就是他最煎熬、难受的时候。但长期经受这种'考验'，倒也锻炼了他强大的心理承受能力，让他变得更加坚强。"也许就是这样，我的脸皮也比以前厚了。在进大学的时候，班里要竞选班长。我便自告奋勇地参选了，可能是同学们被我的勇气所征服，才选我当班长。当时我便下定决心，一直要带好这支相信我、信任我的队伍。"

仲杰在校期间，担任了2007级汉语言文学专业连任三年的老班长，不仅能处理好同学与老师之间的关系，还带领本专业同学获得了优秀的成绩，如校级“优秀班集体”的荣誉称号。仲杰说：“每次有老师称赞我们专业很优秀时，身为班长的我都会感到很自豪，心里充满了成就感。”对于仲杰自己而言，在锦城学院得过的奖项挺多的，但他个人最看重的是“国家励志奖学金”和“四川省大学生综合素质 A 级证书”，一个偏重于学习，一个偏重于综合能力。仲杰认为，拿到这两个奖项之后，可以表明他经过四年的学习后，已经成为一个合格者或者说是优秀的大学生。后来，在他当辅导员期间，他常常让我们对照大学生综合素质 A 级认证的标准来树立标杆。值得一提的是，在他就业的时候，“综 A”的确为他增加了不少“分”。

当然，身边的人也深深地影响着他。在做学生的时候，从老师那里收获到的鼓励和帮助也让他感到受益匪浅。比如他的辅导员曾瑜老师，他从她身上学习到了生活中待人接物的热情以及工作中辛勤付出的坚持，他坚定地说：“从以前的学生到辅导员再到现在的工作岗位上，我一直都把曾老师作为自己学习的楷模。”

所以在他以辅导员的身份第二次进入锦城时，他会常常告诉我们：“要养成良好的习惯，当你认真、专注地投入一件事情的时候，虽然一天、一周、一月乃至一年都可能不会有明显的收获，但是只要你坚持下去，就一定会硕果累累。”

俗话说，千里之行，始于足下。当你坚持走完这千里之后，回首一看，会被自己的努力而征服。而半途而废给自己留下的就只有无限的失望与沧桑。人生修行的道路也是遥远而漫长的，如果你能像坚持做某件小事一样，坚持走下去，不退缩，总有一天会俯视世界。“吃得苦中苦，方为人上人”正是这个道理。我们应该从他身上学习这种精神。

既然选择了远方，就不顾风雨兼程

仲杰说："大学伊始，我的梦想就是考研。在毕业之际，我并没有直接选择就业，而是选择了考研。"当被笔者问到为何要考研的时候，他想了想谈道："一是因为专业课程的学习越发感觉学有余力，已经满足不了求知欲很强的我；二是因为读大学接触了更多的人，发现一个本科学历在社会的就业大军中根本不能取得任何优势；三是周围的老师以及家人也在从旁鼓励我，这就更加坚定了我考研的决心，也算是圆当时的一个梦吧！"

在考研这条道路上，他从未犹豫过，只是花费了更多时间和精力去思考选择什么专业。在大三上学期，便开始准备考研。"最让我绞尽脑汁的是如何选择专业这个问题，由于从黄存勋和倪道善教授那里了解到了四川大学公共管理学院的档案学专业，也因为这个专业对于我来说比较符合我的现状，当时社会上也急需这方面人才，所以就开始致力于这个方向的专业课学习。因为我大学选的是汉语言文学专业，跟档案学专业差异较大，这里面涉及管理学相关的知识。但只要选定了考研专业，就一要下定决心攻破它。在考研路上最怕的就是中途改变选定的专业方向，那样之前所做的一切努力都会白费，花费了许多人力物力，却得不到任何收获，实在是得不偿失。所以选专业一定要慎重，既然选择了它就一定要坚持下去。在准备考研阶段，要付出比常人多十倍的努力，堆积如山的资料、每天三点一线的生活，在别人酣睡的深夜还在埋头苦干，有时候真的觉得自己好累，想要放弃，想要和别人一样沉浸在初入单位的喜悦中。在我茫然失措的时候，系里的老师给予了我鼓励与信任，让我明白了我不是一个人在奋斗，感谢他们在考研路上对我的关心。在考研复试之前，现在的副系主任杨骊教授还专门带我去杏岛餐厅吃过一次午餐，在吃饭的同时给我介绍了许多复试的经验和要领，这些东西非常实用，后面回想起来感觉这顿饭意义非凡。果然，大半年之后，我终于考上了四川大学的硕士研究生。现在想想，自己所做的一切努力都没有白费，一切的汗水都在这里得到了证明。坚持了大半年，现在的我已经收获了很多，也证明了自己说过的话。”当笔者问到，现在回首考研路有何感想的时候，他说道：“就我自己而言，在考研的过程中并没有感受到太多的艰难与困苦。虽然在准备考研这个漫长的过程中也会经历一些彷徨或者挣扎，但事后想起来，这只能算得上一种历练，离‘吃苦’这个状态还差得很远。相反，能够心无旁骛、单纯、专注地投入学习其实也是一件幸福的事情，在这条路上学到的执着与坚持才是我人生中最大的财富，从某种意义上讲已经超越了考研这件事本身。”也许就是因为这种良好的心态，才是制胜的关键。

缘来缘去缘如水，花开花落终有时

在研究生三年级的时候，适逢母校急需用人，也是出于对母校的感激之情，他便义不容辞地接受了这份光荣又艰巨的任务，以辅导员的身份，再次回到了四川大学锦城学院。

这次回到锦城，他担任文传系三个专业的辅导员，这也是他与笔者相识的开始。在他来的那一年，笔者刚好是大一行政管理专业的一名学生，而他也就成为了笔者的辅导员，但是在笔者的心目中，他不仅仅是辅导员，更是同学们心目中的“老大”。在第一次周末晚点名的时候，他始终微笑着的脸庞给了大家一种久违的亲切感，大家心里就觉得这个老师应该挺好的。通过以后的接触，发现果真如此，“老大”的脸上随时都保持着微笑，不管心情怎么样，他总会以微笑面对身边的每一个人，使人倍感温暖。因为每周末放假回来的星期天晚上都会晚点名，“老大”便会站在同学们的角度替我们思考问题，不会生搬硬套地给大家灌输条条框框，而会直接告诉大家应该怎么去看待这些事情，怎么应对这些事情。其次，他每周都会给大家分享一些他经历的趣事，以及推荐自己正在读或者感觉不错的书籍、电影，这样一周一周积累下来，收获也是很丰富的。他一点老师的架子都没有，私下更是和同学们打成一片。军训的时候，他也跟着大家一起训练，没有偷一天懒，事后同学们都说，其实他可以不来的，为什么要跟大家一起训练？他笑道：“我们是一个集体，就应该同甘共苦！”当时笔者就想，大学期间有这么好的辅导员在身边关心我们，也不亏这四年了。在第一学期，因为我们专业的一间寝室获得了“小清新”寝室的荣誉称号并走红网络，“老大”还私下里请他们大吃了一顿，并鼓励他们一直坚持下去，不论是生活还是学习，都应该如此。“老大”还经常到寝室看我们的生活状况，晚上一般在干些什么，过得怎么样等等，他会这样关心每一位学生。我们每一个在外学习的学生，恐怕除了父母再也不会有第二个人这样关心、爱护自己了。而他就是这样一个人，他会全方位地照顾到每一位同学。在笔者的印象中，他还是一个十分耿直的人，这要体现在请假方面。跟辅导员请假其实不是一件易事，但在他这里却不一样。他相信他的每一位学生，只要你的请假理由正当，他都会同意，他也会时常幽默地跟我们开开玩笑，更像是朋友一样。同学们私下也讨论过，像这么好的辅导员，不知道去哪里找。也许正是因为这样，他和我们的距离也更近了一步。为了感谢他的用心和真心付出，我们班级组织了一群同学瞒着他为他制作了办公室的照片墙。上面有我们在每一个寝室的照片，偷偷地帮他贴上，他看到后竟感动得说不出话来。我想，这与你为我们付出的相比根本算不了什么。

可是天下没有不散的宴席，“老大”研究生毕业了，在深思熟虑后，他还是决定离开锦城学院。这对我们来说绝对是一个不好的消息，但是考虑到“老大”的前途，还是不再挽留。在他走之前，我们专业一起请他吃了晚饭，“老大”当天晚上的确是醉了，不过看得出来，他很幸福，有这么多的学生为他送别，正是他真心付出的证明。虽有千言万语，也抵不过离别前一醉方休。“老大”，我们希望你以后的路会越走越好，衷心地祝福你，期待下一次的相见。

到如今，时间再久，也断不了我们之间的联系。依然有许多同学还与仲老师保持着联系，包括我在内。我们会谈心，会谈论这期间经历的趣事，有空也会一起吃饭，我们更像是朋友。

“老大”很有感触地说道：“在读书的时候，作为一名学子，我感受到最多的是锦城和文传对我们的关怀与培养，而在做辅导员的那一段时间里，我体会到了在锦城学子硕果累累的背后，教师们的辛勤付出，正因为有像我以及比我更加用心建设学校的教职员工在背后默默付出，锦城才会在短短十年后发展壮大。我为我是一名锦城人而感到骄傲和自豪！现在回想起来，在锦城经历的一切都让我觉得难以忘怀，总感觉离校园生活越远就越觉得在校园里发生的一切都很珍贵。”

本科毕业以后，他在四川大学读研究生。他饶有兴致地跟我谈论了他的研究生生活。他说：“读研的时候就没有像本科那样百分百地专注于校园内的事情了，因为就我对自己的要求而言，在读了‘万卷书’之后，也是时候行万里路了。所以，除了完成学业之外，我花了大量的时间去实习和去不同的地方走走看看，这其中的经历、见闻以及认识的人和事对于我来说是非常宝贵的财富。研究生期间，我得到了让我引以为傲的四川大学二等奖奖学金。因为研究生人数少，奖学金的名额相对来说也少，得到这个二等奖奖学金是我通过在多种国家级期刊上发表的六篇学术论文换来的，实属不易，至今还让我记忆犹新。”现在的他就职于中国电力工程顾问集团西南电力设计院有限公司，就现如今的工作状况来说，他自己觉得还算比较满意，换言之，他感觉自己在工作中的表现无愧于培养自己的学校和老师，当然仍然需要更多的努力。对于未来的打算，他坚定地表示：在工作方面，当然是踏踏实实做好每一件事情，能够有更多收获的同时也能体现出更多的价值；在工作以外，他加入了一个叫做“坊间”的公益组织，希望今后在留存城市记忆这一方面做一些有意义的事情。

把微笑带给生活，用微笑点缀生命

人一生都会遇到各种各样的困难、挫折。一步一步地走过来，靠的不止是坚持和毅力，而更重要的是有乐观的心态。仲杰也是如此，因为很多时候自己也会把事情弄得一团糟，不过平时是会给自己一些类似于“一切没有想象的那么糟”的心理暗示，这样想会有一点“阿 Q 精神”的感觉。的确如此，就我们大多数人而言，生活远远没有走到举步维艰的地步，与其杞人忧天，不如脚踏实地。只要你人还在，都会有解决问题的办法，有重新来过的机会。我们都还很年轻，现在遇到的一些小挫折根本算不了什么，跟一些见过大风大浪的前辈的经历相比只能算是冰山一角。只要你用心对待它，不抛弃，不放弃，终有战胜它的一天。保持一颗乐观的心态和永不放弃的决心，会使你在人生道路上走得更远。

最后，仲杰想对大家说：“现在处于大学阶段的你们都有很多自己的想法，适合你们自己的才是最好的！去感悟吧，如果让我再读一遍大学，第一，我会更加珍惜时间，把校园里的时间过得更加充实而有意义；第二，我会利用每个假期看看外面的世界，认更多有趣人，见识更多的世面；第三，我觉得好好利用大学时间谈个恋爱也是一件很浪漫的事。希望锦城学子们把微笑带给生活，用微笑点缀生命。”

勿忘初心　过自己喜欢的生活

——访北京外国语大学硕士曾韵

执笔：2014 级汉语国际教育专业王雨婕

指导教师：王韬

2007 级对外汉语专业：曾韵

木心说，从前日子慢，车马邮件都慢、一生只够爱一个人。可如今的时代，人们所向往的“慢”生活却越来越遥远了。如何于浮躁中寻找一片属于自己的半亩方塘，闲看庭前花落，静观天外云舒？在人云亦云的潮流中，又如何信守初心，选择自己喜爱的生活，在梦想的晨曦中脚踏实地、笃定前行？这大概是我们每个人都想探寻的答案。

——题记

兴趣是最好的老师

曾韵是锦城学院2007级对外汉语专业校友。硕士研究生毕业于北京外国语大学对外汉语专业，现于匈牙利任国际汉语教师。她希望通过当下的工作，拓宽眼界，见更多的人，听更多的故事。

9年前，曾韵带着高考并不如意的遗憾来到锦城学院。初入锦大，她最大的感受是这里和想象中不一样，校园里的欧式建筑漂亮得让人心动。出于对语文和英语的热爱，她选择了对外汉语专业，那时的她，对这个专业的认识很浅，以为仅仅是学习如何教外国人说汉语。就这样，在一股懵懵懂懂的热情中，她开启了大学的求学之路。

“常听人说中国的大学教育是严进宽出，而非宽进严出，高中老师们也总是安慰我们，进了大学就可以轻松了。然而来到锦大的我却从未有过这种轻松的体验，反倒是比高中还忙碌。”回忆起大学生活，曾韵如是说。

读书期间，曾韵最喜欢做的事情就是去图书馆看书。那时，学校的图书馆还很小，藏书也不多，但是她在课后经常去自习，按时完成作业，也常常会找一些自己喜欢的书籍阅读。曾韵一直认为兴趣是最大的老师，只要是自己喜欢的书，她都会慢慢咀嚼。

曾韵有自己的读书之道，她喜欢初读时给作品梳理一个框架，这有助于让自己清晰地把握作品脉络，把书读薄；其次再慢慢咀嚼每一个小部分，把书读厚；在读书的过程中，如果遇到自己喜欢的句子，她也会进行摘抄，并停下来思考、联想，开拓思维。她始终认为阅读是一件非常轻松的事，它可以让人拥有天马行空的思想，也可以让人看到柴米油盐的现实。多读书，读好书，与书为友，终会获益匪浅。当记者问她：“你如何看待老师们的荐书，会认真去阅读吗?”时，曾韵表示，老师们推荐的必读书是一定会去看的，虽然这些书往往理论性较强，阅读起来有一定的难度，但她会要求自己尽最大努力去理解，并且积极与老师们沟通交流。当然，在读书方面曾韵有自己的独特喜好，只要是她自己喜欢的书籍，都会当作宝一样慢慢咀嚼。

图书馆是曾韵的秘密花园，而锦城的课堂，则是她的求知殿堂。当记者询问曾韵，大学期间有没有特别喜爱的课程时，曾韵表示“不胜枚举”。她喜欢古代汉语、古代文学、西方文艺史等许多课程。迄今为止，让她印象最深刻的老师，是当年教她古代汉语的伍松乔爷爷。伍爷爷当时已年过七旬，仍在锦城任教，他对王力先生主编的古代汉语烂熟于心，上课详略得当、风趣幽默。更好玩儿的是，在这个可爱的七旬老人的课堂上，总能时不时听到几句英文。能够将古文和英文结合，着实让人心生好奇。据悉，曾韵在专业课方面的成绩十分优异，尤其是现当代文学、古代文学、古代汉语、现代汉语这几门重量级课程。而她本人也表示，因为喜欢，所以学得很轻松。当提到学习的方法时，曾韵认为，最重要的是整理好学习笔记，她现在仍然保留着当年的每一门课的学习笔记，并且时不时还会拿出来翻阅。她说自己很享受整理学习笔记的过程，正所谓‘温故而知新’，在温习中能遇到新的问题，再和老师交流，就能得到新的理解和认识。

毫无疑问，专业课是大学学习中十分重要的部分，正是由于本科阶段拥有扎实的专业理论功底，曾韵才能在研究生学习阶段游刃有余。在曾韵身上，我们更加明确所谓闻道有先后，术业有专攻，只有对专业课拥有浓厚的兴趣，才能够真正在自己的专业领域走得长远。

既然选择前方，便只顾风雨兼程

曾韵是大三临近尾声时决定考研的，她的目标是北京外国语大学对外汉语专业。备考的日子，毋庸置疑是最煎熬的，曾韵说：“现在回想起那段备考时光，真不想从头再来一次，但是细想又十分感动和自豪，只为自己的拼命和坚持。

“天将降大任于是人也，必先苦其心志，劳其筋骨，饿其体肤，空乏其身，行拂乱其所为，所以动心忍性，曾益其所不能。”曾韵留给自己的备考时间仅有三个半月，从某种程度上讲，这是一个略显仓促的决定。但她最终凭借超高的效率和合理的计划安排取得了成功。记者更了解到，在大三的暑假期间，曾韵还曾因身体原因动过手术，休养了一段时间，但她坚持在养病期间也不落下复习，这样的毅力实非常人所能及。

曾韵将自己的备考经验总结为以下几点。首先是制订一个适合自己的计划，根据报考专业的不同，合理安排复习顺序。例如，她报考的是北外的对外汉语专业，三个半月中，她参加了一个考研班，每天反复练习专业课真题，并订正答案、总结错题、研究答案，最后突破答案，结合参考答案，总结出一套自己的答题思路。其次，在英语方面，曾韵特别注重通过真题练习，梳理命题逻辑。由于她大三时曾有过出国留学的计划，并备战过雅思，所以英语水平一直不错，这为她的复习起到了一定帮助。她还表示，当时她并没有太充足的时间来记忆考研英语词汇，全靠平时积累，所以她建议即将考研的学弟学妹们，早做准备，一定要把词汇记忆一遍，如果时间充足，一遍以上甚好，并多听多写多记，这样你的思维才能越来越敏感。最后是政治复习，这项工作可以放在最后一个月进行，通过高强度地记忆和练题，得以巩固。

最终，曾韵凭借初试线上 30 多分的优异成绩顺利进入北外复试。复试时，她始终带着一颗轻松的心，并最终将录取通知书收入囊中。这让她非常兴奋，感受到了自己的努力没有白费，几个月如炼狱般的日子也终于见到了光明，她感谢上天的眷顾和恩赐。曾韵的幸运并非是偶然的，而是来源于长期的积累和应考过程中从容的心态，有时候好的心态就是决胜一切的关键。

如果乐观的心态是成功的必要前提，那么良好身体也是取得成功的关键。曾韵说自己在备考的三个半月里，每天早晨6点半起床，一直复习到晚上11点半熄灯，有时候甚至超过12点，中午一定会午睡一会儿，这样的高强度生活看似规律，长期下来，也会让人抗不住，所以在坚持了半个月后，她开始坚持每天运动。运动不仅可以让身体健康，更能让精神爽朗和畅快。曾韵会坚持每日慢跑几公里，慢跑有助于促进血液循环和培养自己的意志力，越是到备考的后期，越是需要坚韧和乐观的心态。

“记得毛建华教授曾说过，选择文传，就是选择了开始你的炼狱生活。刚进大学的我并没有领会到其中的含义，越到后期，体会越深刻，我们需要掌握的理论知识太多，学习永无止境，接触到的永远都只是冰山一角。”曾韵如是说。

北外——语言的天堂

进入北外，曾韵最大的感受是这里如同语言的天堂。她说在北外的食堂里工作的后勤人员每天都会把桌椅打扫得干干净净，只为了保障早晨学子们的晨读和早自习，那时北外的图书馆还没建成。在食堂里，你可以听到各种各样的语言，更能感受到浓厚的学习氛围。北外的活动也非常丰富，由于身处首都，这里经常会举办各式各样的交流与学术活动，极大丰富和锻炼了学生们的各项能力。

曾韵选择的是专业硕士，需在学校读一年，到国外实习一年，因此研一时期，不论是课程的安排还是课后的实践，强度都很大。当被问到本科和研究生阶段在学习上有何不同时，曾韵谈道：“两者的侧重点不同。虽然锦城是应用型大学，但整个本科阶段作为专业学习的基础阶段，仍然很看重理论的学习，而在北外，由于是专业型硕士的缘故，学到的更多实践性的东西。当然二者紧密相关、相辅相成。

理论来源于实践，实践是检验真理的唯一标准。曾韵多次感叹，自己的成就得益于本科阶段在专业理论方面打下的坚实基础，这保障了她在读研时能进一步完成学业。她反复提醒学弟学妹们一定要重视本科阶段专业知识的积累。

选自己喜欢的生活

“生活是自己的，你要选择自己喜欢的生活，以后才不会后悔。”这是曾韵在采访中让记者印象最为深刻的一句话。

一路走来，曾韵一直坚持着对外汉语教学这条路。她说，在这十多年的学习和教学中，她对于对外汉语这个专业的理解有了更深和更准确的认识，对外汉语不仅仅是要教会外国人说汉语，更多地是要传播汉文化。汉文化博大精深，因此，一名合格的对外汉语教师，需要涉及和掌握的知识也就如同汪洋大海。以她的工作为例，现在她在匈牙利做汉语教师，她的学生层次有很大的差别，十几岁到六七十岁的学生都有，有的学生对汉字感兴趣，有的学生对佛教感兴趣，有的学生对中国的政治经济感兴趣，因此作为老师，你需要关注的东西相当多。

“在我看来，教师这门职业，就是在不断诠释着学习永无止境这句话。”

曾韵在匈牙利任教的这几年中，行走于欧洲大陆，看遍了西欧各国的风花雪月，也见证了欧洲浓厚的人文风情。她说，她喜欢这种类似于游学的生活，因此一直坚持走对外汉语教学这条路，在这几年的游历中，她不仅感受到了不同文化的魅力，看到了不一样的风景，更聆听了丰富的故事。

在匈牙利，她有一名年近七旬的学生，老人对中国的宗教文化颇感兴趣，对佛教、道教十分痴迷和敬仰。每当和老爷爷分享中国的宗教时，都会被他的亲切、随和以及强烈的求知欲所感动。老人会十分温和地和她探讨自己对于宗教文化的认识，并十分乐意听她将中国的宗教文化娓娓道来，这种文化的碰撞与交流，事实上正是一种教学相长。她喜欢这样的生活，因此，一路走来，不忘初心。

采访接近尾声时，曾韵感慨道，这些年真正促使她战胜许多艰难并且勇往直前的法宝只有一个，就是“钟爱”。选择自己喜欢的生活，脚踏实地，活在当下，不忘初心，再坚持下去，就一定能够心想事成。

冰心曾言：“成功的花/人们只惊羡她现时的明艳/然而当初它的芽儿/浸透了奋斗的泪泉/洒遍了牺牲的血雨”。曾韵，正是这样一朵成功的花，她的所有成就都非一蹴而就，而是在长期的积累中慢慢铸成。

在如今这个竞争愈来愈激烈的时代，不断深入地学习是时代发展对于人才的要求，我们只有顺应时代，在时代中寻找自我，认识自我，再突破自我，才能最终实现自我。唯有始终以一种谦卑的姿态求学、生活，享受学习过程，不忘初心，才能在这个浮躁的时代中找寻到属于自己的半亩方塘，打造出一片自己喜欢的风景，这是曾韵带给我们的启示。

以目标设计人生方向

——访四川大学硕士徐聪林

执笔：2014级汉语言文学专业邓慧琳

指导教师：姚茜

2007级广告学专业：徐聪林

徐聪林：四川大学锦城学院广告学专业学生，在校担任彼岸传媒广告公司客户总监。后考取四川大学传播类研究生，放弃留在中央电视台工作的机会，现在四川师范大学宣传部工作。

她是任性的考研者，她是自己人生轨迹的设计者。

她可以在任何时候，背上行囊，只身去流浪。她说："我们一定要评估自己所做的每一件事的价值，看对自己的人生是否有用，活得灵活点。"

锦城文传时光

2007 年，当徐聪林得知被四川大学锦城学院录取的消息时，心情是喜忧参半的。忧的是，这所学校的新，才办学两年，没有一批毕业生，对它的未来充满未知；喜的是，这所学校有强大的后盾，依托川大而建，当时还未完全脱离母体，毕业还能拿到川大的学位证，也许毕业出去找工作会容易一些。怀着这样的心情，在同年九月，她成了锦城学院文学与传媒系广告学专业的第三批学生。迎接她的是两栋教学楼和能一眼看尽的宿舍以及远离都市的寂静。

相比现在，徐聪林进校时学校才刚刚起步，他们可以说是四川大学锦城学院发展的见证者。对于锦城学院的变化，徐聪林能够轻松地聊上半个小时，她说："我们刚进锦城时，锦城还是一所刚开办两年的学校，虽然大学对于我们来说是全新的世界。但你能想象全部的一切都是全新的吗？全新的教学楼，全新的校址，全新的教育理念，全新的培养方式。现在校门口就有好几路公交，地铁也不远，但当时只有 96 和 703 两路公交，13 路都是后来才有的。我们以前要逛街就是春熙路，每一次都有进城的感觉；而你们现在好像已经有中海、龙湖两个商圈了。"

徐聪林觉得当时学校的硬件虽然没有现在好，但是读书的时候并没有觉得，大家对于学习都有一种心照不宣的默契，而且遇到了一批很好的老师，他们除了收获知识还能收获阅历，与很多老师至今都保持着联系，甚至成为了很好的朋友，遇到困难老师们总是会热心地给予指点，这应该是最棒的一件事。徐聪林一直认为努力的人，运气都不会太差，幸运总会眷顾。四川大学锦城学院虽然是 2005 年才开办的一所独立院校，但当时的老师基本上都是四川大学的老师。徐聪林告诉笔者，当时私下在学生之间广为流传着一句广告语："锦城学院是三本的收费，二本的学校，一本的师资"。徐聪林觉得这句广告语就是当时真实的写照，正是因为强大的师资，良好的学习氛围，才会成就她的大学学习生活和考研。

采访交谈中徐聪林对笔者提到了她担任客户总监的彼岸传媒广告公司。她说："那个时候系上还没有校内仿真实训平台的理念，学生模拟公司也是一群志同道合的学生自己在尝试，很幸运我们有一个很潮的系主任，也就是我们的毛爷爷，他给我们足够大自由发挥的空间，鼓励我们去创新。当初在广告公司的同学到现在都是很好的朋友，我们还会定期聚会。我觉得这是很棒的事情，这一段经历也促使我后来坚持考研。"

对于学习，徐聪林有自己的见地，认为决定要去上的课，一定要坐第一排认真听，所以在大学期间她基本上是前三排的常客，讲座也是一样。她说："在文学与传媒系最大的收获除了课堂，就是讲座，大学三年具体听过多少场讲座记不清，只记得来了很多知名专家教授，还有行业精英，每次听讲座就跟打鸡血一样，还会认真做笔记，那就是偶像。哈哈，你们现在应该更多吧?"笔者被徐聪林讲述的学习态度感动了，确实现在比他们那时候的资源丰富很多。大学期间她上过的每堂课，做过的每一次课堂报告，听过的每一场讲座，出去参加的每一次社会实践，一点一点拼凑成了徐聪林的大学生活，也是在这些经历中慢慢地发现自己适合做传媒，决定为自己搭建一个更好的平台，那就是——考研。

任性的考研者

"为了更好地推进本月 27 日即将在我校举行的四川高校教师思想政治工作研究会及四川高校网络文化研究会相关会务筹备工作，尽我校作为会务主办方的地主之谊，服务好全体参会代表，11 月 19 日上午，由宣传部牵头的‘四川高校教师思想政治工作研究会’‘四川高校网络文化研究会’2015 年年会筹备工作会在七教 A 区六楼会议室召开。校党委副书记王万民出席会议并指导相关工作。校党委宣传部、学校办公室、保卫处、后勤集团、校团委、计财处相关负责人参加了会议……”——来自四川师范大学官网

像这样洋洋洒洒的新闻报道，对于徐聪林来说已是家常便饭。大学读的广告专业，考研顺理成章地选择考取传播类研究生，这也决定了她最终的工作。徐聪林研究生毕业后顺利到了四川师范大学宣传部工作，在此之前她有可以留在中央电视台工作的机会，这个在别人眼中不错的工作，她说放弃就毅然放弃，毕业就回到了成都。无论是工作还是考研，她一路走来都是随性而自由的，唯一不变的就是骨子里的那股韧劲儿，决定的事情就义无反顾。

徐聪林是任性的，是随性的，同时也是理智的。第一次考研时，是因为身边很多同学都决定考研，自己评估之后也决定考研。那时候有一种无畏的冲劲，觉得既然要考就要选一所好的学校，把目标定高一些，所以选择了华东师范大学。但考研的复习并不如她预想般顺利，所有准备工作都做好了，考试前的 3 个月，她有一天居然决定要去西藏，她跟室友说要去西藏找个客栈，然后好好复习。她从来都是说做就做的性格，立即买好机票，大大的行李箱除了必备的衣服剩下的都是书。她在拉萨的一家客栈待了近一个月，除了偶尔帮老板招呼一下客人外，空闲时间就是看书，周末自己去周边走走，也是在那段时间里认识了后面给她推荐工作的朋友。回来之后给身边的朋友分享那段经历，自然是令人羡慕的，但那时候她的心已经不再像之前那样投入，复习变得散漫和随意，最后败在专业课上面。考研的失败对她并没有多大的影响，毕业后她经朋友介绍顺利得到了一份在北京的工作。

当笔者问及徐聪林毕业后为何没有从事广告专业的工作，她说："虽然本科是学习的广告学专业，但自己并不是很想从事广告行业，对广告更多的是喜欢。我想在选择的新闻传播方向继续深造，一方面是想找一个稳定的工作，另一方面是在本科学习时遇到了一些学新闻传播的老师，他们给了我这个专业最初的启蒙，他们都是很棒的老师，比如李春霞、宋石男。"在大学对考研还只是一个概念，但是老师们带给学生的专业魅力是无法替代的，在考研专业的选择上很多人都会多少因为仰慕一些老师，进而去选择某个专业，这也算一种考研的动力。

刚上大学时，徐聪林对于自己的人生也处于迷茫期，她这种迷茫也代表了当下大部分大学生的现状。相较于其他大学，锦城学院文传系在对于学生的人生规划上有着一贯的作风，在大一新生报到时，就已经将"三年后是考研还是工作"这个选择题抛给了学生。

徐聪林虽然看起来风风火火，是一个随性的女子，但是她也具备多数人没有的沉着与冷静，这让她能够在众多选择之中做出最适合自己的决择，包括考研。本来她的工作，总的来说是顺利的，至少在刚刚毕业的同学眼中她有一份不错的工作，能够待在一个令人羡慕的环境之中。但是对自己的发展和人生规划，徐聪林有着自己的一番理解，正是因为在一个高起点的环境中工作，知识与积累的不足令她困惑过，当初确定读研单纯是为了一个文凭的想法逐渐从清晰的意识中淡去，取而代之的理智分析，是研究生三年学习带来新的知识与眼界，以及一个更高的平台，这是本科生难以做到的，也正是她需要的。想清楚之后，她毅然辞掉了北京的工作，回到成都，第一时间带着考研的想法和对自身评估的结果，找到了毛爷爷。毛爷爷听完她的想法，给了她中肯的建议，鼓励她考四川大学的专硕。由于她一开始就清醒和坚定，这让她第二次的考试准备变得沉稳而顺利。

或许就像汪国真先生的《热爱生命》一样，既然选择了远方，便只顾风雨兼程。徐聪林在2012年选择重新启程，开始了自己的考研之路。

徐聪林从来都不打无准备的仗，凡事要不不做，要不做到最好。俗话说，兵马未动粮草先行。在考研备考之前，需要做一系列的准备工作。在采访期间，徐聪林将自己个人的考研宝典告诉了笔者，算是分享也是建议，或者可以更好地理解为文学与传媒系的一种传承。

第一步，制订计划。这一步是考前准备至关重要的一步。有了好的计划，才会有好的行动，才有可能收获好的结果。一份好的计划应该包括以下内容：第一，确定自己要报考的目标学校；第二，预期的目标分数，当然不能是仅有一个总分，还要包括每科分数；第三，要有总的复习规划，这包括要复习几轮，每一轮复习什么内容，每一次复习的起止时间；第四，当前阶段每日的作息时间表以及每周每日的目标。

第二步，查找相关信息。这一步可以与制订计划一同完成。在定好学校之后，就应该上这个学校的官网查找信息，包括考试的科目、参考用书以及历年分数线等。同时，也可以在考研论坛上查找以往学长学姐的经验贴，搜集复习经验。有了这些东西，你的备考计划就会更加容易制订。如果能找到你想报考学校的师兄或者师姐取径，那么，他们的帮助将会很重要，建议至少要找一个师兄或者师姐。毕竟有前人指路，可以少走许多弯路。

第三步，信息汇总。查找到信息之后，就将信息分门别类，哪些是英语经验，哪些是政治经验……这样，以后需要的时候能方便查找。

第四步，写下自己考研的理由和鼓励自己的话，或者是自己的座右铭。不要小看这些东西，往往这些细节，会在心理上给与自己一种暗示。建议大家把理由写下来，贴在最醒目的地方，比如说床头，或者是书桌上，自己无论做什么都可以看见。这是对自己的鼓励，也是在漫长考研路上的精神支持。

第五步，休息一个星期。很多人一上来会玩命的学习，我比较反对这种做法。毕竟，过了几年很平常的生活，一下子重回正轨还是很困难的，所以，先好好休息一周，把想看的电影，想玩的游戏都过把瘾，正式开始考研之后，生活就不容许你再那么颓废了。要知道自己每天的兴奋时间段是哪些时候，就要在写计划时，多加利用这些时间。你会发现，这些时间所做的复习的效率远高于其他时间。

有了一个完美的准备，也就是有了一个良好的开头，接下来就是好好复习。对于徐聪林而言，因为第一次的不确定，导致自己错失了成功。第二次她就要谨慎得多了。

介于每个方向的专业有所不同，徐聪林就只从大家都要考的英语与政治方面给了我们一些建议，这也是她的亲身实践。

首先，英语的复习最重要的是词汇量，词汇的积累应该贯穿复习全程；词汇这一关过了以后，主要的复习内容就是阅读和作文，英语复习的参考资料建议以往年的真题为主，往年真题的阅读题目应该至少要研究4到5遍，搞清楚每一个选项的出错原因，另外阅读的文章还可以用来练习翻译和长难句，这其实就有点高三复习的意味；至于作文，最好能根据往年的真题自行整理出一套万能模板，加强背诵，还有关心当年发生的新闻大事，这个可以在复习政治时顺便就复习到了。至于英语其他的部分，也不是说就直接放弃，但那些部分大家的差距不会很大，所以可以在复习的时候有所侧重。

然后是政治，政治的复习应该等到教育部的考研红宝书出来之后再复习，暂时可以先放一放。复习政治时应选择一两套比较适合的参考书结合红宝书一起复习，边看边做；至于后面的几道大题目，建议如果有可能的话可以参加一个辅导班，一般上课的老师都会对知识点有所提炼，考研后期主要背诵那些知识点应该就问题不大了。最重要的一点还是自己平时一定要多关心新闻时事，每天耳濡目染，总会有效果的。

徐聪林以自己的经验告诉要考研的学弟学妹们，漫漫考研路，并不是只靠你自己一个人努力就够了，还应该学会借力使力。当你备考时感到疑惑，不妨看看前辈留下的考研经验，也许只是一些学习的方法，但是或许可以让你少走一些弯路。别人的经验虽然不一定完全适合自己，但前辈的“前车之鉴”一定是你复习的指南针，告诉你什么时候该调整自己，什么时候该避免什么样的错误。想面对考研，不如先看看别人是如何战胜考研的。往往我们虽然站在巨人的肩膀上，但却埋头苦干，不知道只需轻轻抬头，就会看见无数的惊喜。徐聪林在回顾自己的考研经历时，对于系里给予的帮助感慨良多，她觉得大家都应该庆幸，自己是文学与传媒系的一分子，就会比别人多一份资源，在系里考研是一大特色，对每一位考研学生的关照可以说是无微不至的，不管你是在校生还是已经毕业，只要你想获得帮助，系里的老师和考上的师兄师姐都会给予你不遗余力的指导，对于决定考研的你们来说应该是幸福的。

目标更重要

徐聪林说，如果时光倒流，再次选择，也许她会放弃考研。“考研并不是唯一的出路，现在如果让我重新选择，我也许会选择就业。当时自己选择考研就是为了一个稳定的工作，现在想想，年轻的时候不去为自己的未来冲刺，就开始过老年人的生活，是对自己人生的不负责。”无论最终的选择是什么，只有清楚自己的需要，才能做出当下自己觉得最重要的决定。

工作后的徐聪林意识到文凭并不如想象般重要，但是文凭依然是短期内不可或缺的敲门砖，在没有足够工作经验之前是必备的。无论是本科还是研究生的学习，都必须以获取足够多的知识为前提，你不能保证你学的所有东西在之后的工作中都能用到，但是学过的东西肯定会在你的工作中帮到你。

“考不考研是由你自己从事什么行业决定的，我一个在人寿保险工作的朋友就表示说，不太愿意用硕士研究生这样学历的人，更愿意用好学校的本科生，不仅好培养，而且用人工资也较低。”关于究竟要不要考研，徐聪林有她自己的看法，“一定要有自己的人生规划，知道自己到底需要什么。在做一件事情之前，一定要评估这件事的价值，看有没有用。在本科期间要是能够找到合适的工作就可以选择工作。要明白考研的价值在哪，对于大部分人来说，若不是真的喜欢研究，那考研就是为了就业，但若本科就可以找到好工作，建议就不要浪费时间和金钱去考研了。”

笔者谈到，现在大学感觉除了学习就是考证。徐聪林则认为：“在大学期间，考取相应的证书是很有必要的，但是一定要有针对性地去考，不要既浪费时间又浪费金钱。好好考计算机二级，英语四、六级，有能力的一定要去考一考雅思、托福。要把精力用在有用的地方。”

徐聪林，一个任性的考研者，同时，也是一个对自己人生有着无数目标的设计者。在清楚自己想要什么的时候，一定就要把它设定为一个目标，并为之奋斗。当然前提是一定要有人生规划，知道自己到底需要什么。在做一件事情之前，一定要评估这件事的价值，看有没有用。一定要活得灵活点。

人生如落叶　顺其自然　随遇而安

——访香港中文大学硕士钟雨霄

执笔：2013 级行政管理专业杨烃

指导教师：曾瑜

2008 级对外汉语专业：钟雨霄

对于一位处于花样年华的女生来说，人生轨迹应该是笔直的，而她的人生轨迹却异常曲折。因为她说过："对我而言，原地踏步安于现状是最危险的，困难才能使我觉得踏实。"虽然只是短短的一句话，但其中却道出了她的人生态度。敢于探索未知，不断接触新环境，然后一步一步去适应它，战胜它，征服它，这才是 21 世纪的青年学生应该具有的拼搏精神。

纵观她目前的人生，辗转多个地区。从种满茶树的大巴山到车水马龙的达州，到山清水秀的绵阳，再到悠闲、复古与现代化、拥挤并存的成都；再辗转繁华璀璨的香港、台湾、东南亚以及充满了异域风情的美国。一路走来，不知道有多少的酸甜苦辣。最开始步入每一个陌生的城市都充满了未知与困难，但她的意念一直支撑着她，一步一步走过来了。她说，就现在看来，一切都是值得的。不同的地区，不同的经历，不同的文化，这一切的一切让她的人生更加五彩缤纷。她不但不会埋怨命运为何如此多舛，更会感激它们给了自己不一样的世界。既开阔了自己的眼界，也丰富了自己的阅历，这是一笔不可多得的人生财富。大学时候的她下定决心做一件事就不会给自己留退路。在参加过一系列的英语比赛之后，她便对英语充满了兴趣，也许与英语有说不出的缘分，但是更离不开的是自身的努力，她创造了雅思总分 7.5，以及听力 8.0 的奇迹！而她就是四川大学锦城学院文学与传媒系 2008 级对外汉语专业的钟雨霄。

以梦为马，不负韶华

钟雨霄学姐是一个很随性的人，从来不会被迫去做一件事。当然，这也许就是她从不埋怨曲折人生道路的一个原因吧。她把辗转的人生经历当作是刺激的旅途，从而去享受它，最后战胜它。她出生在种满茶树的大巴山，之后来到绵阳读了 3 年高中，最后才来到了令她难忘的锦城学院。

大一刚来那年，雨霄学姐跟大家都是一样的，还是处于懵懵懂懂的状态，对未来的人生很迷茫，不知道该干什么。因为学姐本来就对英语感兴趣，所以在大一的时候参加了学校举行的英语演讲比赛，取得了第一名的好成绩，树立了自己的信心。大二那年，因为四川大学有一个项目可以申请到加拿大留学的机会，加上自己较好的英语水平，就更加坚定了学姐的留学愿望，也做了许多的事前工作，但最终因为家里的某些原因，留学的事情也只能暂时搁置。但是留学的愿望却没有就此消失。加上她身边的一些在外闯荡的朋友时常会和她分享她从未经历过的事情。雨霄学姐认为，她们正在经历的人生正是她所想要的，她也很想去亲身体验和别人不一样的世界。不管任何的艰难险阻，人生正是要多一点色彩才会更美。之后雨霄学姐又陆续参加了双语比赛、英语情景剧等一系列比赛，也取得了很不错的名次。同时也下定了决心考研，并在大三的时候攻克了雅思。她在校内比赛中慢慢树立起来了信心，整个大学阶段就已经被她规划好了，所以她成功了。每个人都希望自己成功，但绝不可以仅仅是想想而已。它更需要你去经营，并且像雨霄学姐一样去规划它，把它做好，才会成功。学姐语重心长地谈道："现在的你们都像当年的我一样正处于青春的大好时光，你们都应该珍惜青春的时光，放手去搏，美好的未来正在前方等你。否则，颓废的人生将会一直伴随着你，永远不会得到改变。"

心无旁骛一身素，悬梁刺股乌云开

雨霄学姐虽然是一个随性的人，但她下定决心做一件事的时候，就不会给自己留后路。她说，困难并不仅仅是就考研而言，在那之前许许多多的准备工作就已经出现了很多的困难。首先，要确定一个专业方向，到底是考什么方面的研究生；其次是地区，还要根据家庭状况、文化差异等等一系列原因来选择。因为一旦中途出现特殊情况需要调整方向的话，之前所做的一切努力可能全都白费了，所以在雨霄学姐看来，努力也是要有方向的，要做到事半功倍，而不是事倍功半。

不是任何事情都是一帆风顺的，考研也是一样。考研是长时间与寂寞为伴，需要自控自律，需要独自付出近一年的光景去自学考研的知识，此过程是十分枯燥乏味的。而付出的这一切的一切全都是为了能够考取硕士研究生。可想而知，如果自己的努力都付之东流之后将会是怎样的心情去面对人生？没错，雨霄学姐也是这样过来的，第一次考研的失败对她的打击也挺大的。但她并没有因此心灰意冷，她振作了起来，努力去寻找失败的原因，从而去改进，争取下一次不犯同样的错误。这可能也是第二次考研成功的关键所在。心态一定要放好，因为很多人在第一次考研失利后都会自暴自弃、怨天尤人，而不是找到自己的错误，去改进。也许一个人的成败就在心态上，不是你认真去做了某一件事就一定会成功。不要抱着“不成功，便成仁”的心态去达到预期的目标，你可以把它看做是愿望，希望它实现。只要不抛弃，不放弃，最终就会成功。她便是这样，保持一颗乐观的心态，走好人生的每一步。

初生牛犊不怕虎

她刚来大学那年，对前途的确是迷茫的、不知所措的。但是身边陆陆续续许多亲戚朋友全部都出去工作、生活了，看着他们每天经历的一些奇特的事，过着完全不同于自己的生活，她觉得，她也应该像他们一样出去闯出自己的一片天地，而不是活在平淡无奇的生活中，这不是她想要的。渐渐地，她萌生了出国深造的想法。在锦城的四年奋斗，让她有幸争取到了去香港深造的机会。在那里，她的视觉再一次受到了冲击。那里有太多的繁华，太多的新事物，这让她更加坚定了闯荡的决心。香港中文大学毕业后，她去了深圳一家全国顶尖的留学机构，主要职责教授雅思听力。不论是物质层面还是精神层面，那里都是一个难得一求的好地方，“工作环境、工资待遇都是目前我遇到的最好的，同事们对我也非常照顾，因为我是新人，不论是工作还是生活都给予了我莫大的帮助，还在精神上鼓舞了我，在这里我感觉到了家一样的温暖，一切事物都让我感到是如此愉悦。”

当她达到了自己预期的目标之后，她便开始沉浸在这份满足感中。因为这样的生活状态已经是很多人梦寐以求的了，而那时的她仿佛也挺享受的。可是，当我们沉浸在这份安逸当中时，殊不知，那些比我们更优秀的人仍然在不停地奔跑着。也许当我们从安逸中苏醒过来时，曾经不如我们的人已经追了上来，而我们想要去追赶前面的人却已经晚了。

后来一次偶然的机会，学姐可以去美国待几个月，但前提是如果去了美国就必须辞去现在这份看似“安逸”的工作。她又陷入了沉思。到底去还是不去？去了，会不会后悔？不去，以后会不会因为没有出国而后悔。最终，她还是递交了辞职申请书。因为对她而言，原地踏步安于现状才是最危险的。人生就是因为有了色彩才会变得更美。不一样的人生，有不一样的收获，有时候不走寻常路，或许又是一番滋味。学姐的执念值得每一个人去细细品尝其中真谛。

“情”不知所起，却一往“情”深

雨霄学姐曾经说过：“我考雅思是因为我爱英语，我甚至于把它当作情人一样来看待。”学姐在大学期间学的是对外汉语专业，这种专业，看起来的确是挺“高大上”的，但其实要做好它的对口工作却并不是那么容易。因为它的工作性质很简单，一般就是当外国人的汉语老师，帮助他们学习汉语，所以出国也就“在所难免”了。不过这正迎合了学姐想要出国留学的念想。但是光有想法可不行，能说一口流利的英语，有高水平的英语知识也是必须的。在下定决心考雅思之前，学姐对学习英语这件事也丝毫没有怠慢。每天依然坚持学英语、记单词、背文章、听听力等等，这些都是家常便饭。学姐兴致勃勃地说：“在上大学以前，我就被美音迷住了，并试着去模仿，这使我有了良好的英语口语能力。”

是的，雨霄学姐下定决心做一件事时，就不会给自己留后路，会全力以赴地去完成它，这种倔强的个性使她一步一步地迈向成功。雅思考试一共分为4个部分，听力、阅读、写作以及口语。学姐毫无保留和我们分享了心得。

“首先是听力。听力一直以来都是我稍显优势的一项，因为从高中开始我便迷上了模仿美音，常常听美音发音的文章课文，然后试着模仿。不管什么样的英语考试，打好了基础就不用害怕。对于雅思考试我几乎没有用什么技巧，技巧只是一时的，而好的基础不仅仅对考试有帮助，对以后的生活、能力的提高也是相当有益处的。复习时我坚持每天做一套题，做完之后就擦掉准备下次再做，大家最好是下载答题纸来做，以免受之前答案印记的影响。做题的时候，大家一定要利用空隙的时间读题，勾出重点词句，如果在听的过程中有题听漏了，千万不要慌张，定下心来听清正在说的内容，跟上了之后再做题。对于听力中的数字题，如果觉得很头疼的话，那么建议听听黑眼睛技巧部分的数字练习，练完之后你会发现雅思数字题就是浮云，还有现在的听力越来越多地出现了选择题，特别是多选，还有一大串题目和选项的题，这样的题建议大家一定要在听到这些题之前想办法挤出时间多读几遍，这样能够对题目选项内容做到熟悉，然后专注于所听的内容。最后说说怎样提高听力基础吧，最有效的办法就是听写BBC和VOA，每天坚持是最重要的。我这次复习，每天早上九点开始做真题，做完之后花时间分析答案，然后开始听写BBC和VOA，听写一般都会花一到两个小时，过程是痛苦的，但是效果是显著的。另外，世界名校公开课也是很好的听力资源，不仅能够结合自己的兴趣提高听力，还能够提前感受国外课堂。”

“其次是阅读。上午练完听力以后，下午就是阅读和写作的时间。这个过程中我所做的只有做题。每天一篇，坚持计好时间，一定要控制在一个小时以内，否则练习是毫无作用的。虽然刚开始很痛苦，但当看到自己能够在更短的时间内完成的成就感是无法比拟的。最开始只是时间够了但是错误率还是相当大，慢慢地后来错误率也下降了，直到考试前剑八的T2阅读我做到了满分，但是T3瞬间就错了13个，不过从考试结果来看，我觉得最终成绩是不能以一次练习成绩而决定的，所以大家要是现在阅读还是错到10个以上千万不要灰心，我之前20多个都错过。阅读部分我除了做真题，还买了两本书来练习，我用刘洪波的雅思阅读真经4练完成时间，然后用新航道王毅的九分达人练正确率，其他的就再没碰过，不得不说九分达人确实是让我提高最大的一本书，因为它里面的题的长度比真题长，而且都比较有难度，如果你能顺利做完这本书，那么做真题的时候会感到得心应手得多。而且大家一定要留着剑八到考试之前的最后一周每天一个test，做出来的分数可以作为参考，更重要的是剑八的题与最近考试的题是最贴切的。另外，做题的时候如果周围环境不安静是一种很好的锻炼，当考试的时候考官走来走去你就不会觉得烦人了。”

“然后是写作。对于6.5分的写作成绩，我的发言权不大，不过建议大家看范文的时候把自己认为好的句子短语全都抄下来，下次写作的时候拿这些好的句子短语作素材，很多作文书推荐大家去背各种短语句子，但如果不是自己看得顺眼的真的背起来很困难，背了也会忘，但自己抄下的就不同了，因为特别顺眼，所以运用起来也特别顺利，积累多了，也就不担心凑不够字数了。我到考试的时候几乎所有笔记本上的好词好句我都记得，考前自己写一篇，对照真题库里的范文，发现我的作文就处于6.5分段，结果果真如此。”

“最后是口语。这次口语考了7.5，确实是令我吃惊的，因为我自认为考试的时候根本没发挥好，第一部分一来就错误百出，第二部分说得很流利，结果到了第三部分，考官只问了我两个问题，第一个含糊答过去了，第二个完全不知道怎么回答，乱说了一气，连自己都不知道自己在说什么，然后停顿了一下，给考官说了句 I'm sorry，然后埋头想了一会再说了两句，考官就说考试结束催我走了，当时我心里就想完了完了，祈祷上 6 吧。结果查到成绩的时候着实意外了，心想 RP 真好，后来仔细总结了一下，发现也许 part 2 是给分重点，因为我的 P2 确实说得不错，加上这次考试我说了一些高级的词汇，建议大家看口语书和原声电影的时候积累一些自己比较喜欢的地道说法。另外，口语的基础也是很重要的，仅仅靠书是远远不够的，我没有找过 partner，只是每天洗澡的时候说话题，想到什么说什么，尽量把自己想要表达的说清楚。口语回忆的题只够 P1 和 P2，但是 P3 就真的只能靠实力了，有时候运气不好了，整个 P1 到 P3 都得靠实力，因此提高能力应该放在首位，而对于练习最近的题目，有时间就练，没时间也不要强求，但是一定要坚持！另外，语音也是比较重要的，最好不要英不英美不美或者英美音混杂，就像我老师说的，一口地道的语音就像拥有一个好看的外貌一样，总是会增加印象分的。"

在这长达 2 个月的英语高强度练习训练中，说实话能够坚持下来真的很不容易。每天基本上有一半的时间都在学习英语，这对于大多数人来说都是特别枯燥的，整天对着自己的都是一大堆见都没见过的英语单词，烦躁是肯定的，但更多的是恐怖。但这一切并不是被迫的，是我自己自愿的，我愿意去了解它，收获它，在这其中最关键的是坚持！贵在坚持，不可能也将成为可能。它就像我的情人一样每天陪伴在我身边，恋爱中的人是不会感到寂寞的！我并没有把雅思考试当做一定要达成的目标去完成它，而是把它看做是自己的一个心愿，想要付出努力去完成它。用一颗平常心去对待这场考试以及考研等各种大型考试。如果把一件事看得很重，想要迫不及待地搞定它，那么往往就会失败。事实证明，雨霄学姐是正确的，她的付出没有白费，她创造了雅思 7.5 的奇迹。"天才是 1% 的灵感，加上99%的汗水”，在她身上得到了最好的印证。由于对英语有着一份特殊的感情、执着以及坚持，加上自己有计划的学习、大量时间的付出以及良好的心态，最终突破了自己，达成了自己的心愿。雨霄学姐想对大家说：“任何困难的事，只要自己努力了，方法对了，迟早都会攻克它。诚然，你努力了、付出了，也不一定就会成功，但那只是还有你没有发现到的地方。只要找到它，改进它，调整好自己的心态，再一次去挑战它，总有一天，在你面前的乌云都会消散。相信吧！彩虹总是在风雨之后。”

居安思危，人就要“不安于现状”

“对我而言，原地踏步安于现状才是最危险的，困难才能使人觉得踏实。”学姐再一次肯定地说。

雨霄学姐感恩锦城，她发自内心地说：“锦城学院是我梦想起航的地方，在锦城的四年中，我学到了许多、收获了许多、成长了许多。现在的一切，都要感谢锦城学院给自己莫大的鼓舞，以及文学与传媒系师生在学习、生活方面给予我的关心与帮助。在人生的十字路口，我们都会茫然失措，不知如何是好。而锦城学院这个团结向上的集体，它给了我力量。在我通往梦想的路上，它就像一盏明灯，照亮了我前进的道路。如果可以的话，我希望在它的土地上播撒希望的种子，让它生根发芽、开花结果。”

乘风破浪终不悔

——访北京师范大学硕士丁斯菲

执笔：2014 级汉语言文学专业李柯薪

指导教师：肖捷飞

2008 级对外汉语专业：丁斯菲

“我很喜欢现在的工作，对于留学生管理和教学方面也渐渐有了自己的方法。我相信这是多年持之以恒学习的成果。”丁斯菲在回答记者提问时这样总结现阶段的生活。当下的她，已硕士研究生毕业，成为了一名对外汉语教师，就职于北京交通大学威海校区。

“留学生的教学要做到两点，既要有较全面的专业知识，还要有良好的教学方法生动有趣”，在谈及教学瓶颈问题时，丁斯菲提出了自己的观点，“我很能理解这些非母语者在学习时的困惑，因此在教学时总是十分耐心，也更注重教学技巧。”丁斯菲表示，她很满意现在的生活，既能以兴趣所长作为正业，又有自己的闲暇时光。对于一个新入职的教师，在教学中能够游刃有余，还要归功于他在研究生时期赴韩任教的经历。

“决定考研，绝对是我正确的选择。”回想大学时她决定考研时，丁斯菲说：“我一直想教留学生，认为考研能给我更多机遇。”经过努力，她被北京师范大学录取。因为考研，给了她现在的生活。

考研 OR NOT？这是个问题

丁斯菲，四川大学锦城学院文学与传媒系 2008 级毕业生。就读于对外汉语专业。据了解，对外汉语一直是她的兴趣所在，所以大学毕业后，她仍坚持在这一领域深造。

曾经，她也为是否考研这个问题纠结过，“这件事（要不要考研），应该在大三就决定好的。但是当时的我，还有些犹豫。”周围的同学中，不乏选择考研的。但是丁斯菲并不愿意盲从。她认为自己所学的专业是一门实践性较强的专业，她在思考自己是应该花费这么长的时间进行理论学习，还是应该将精力直接投入教学实践中。

“她是个很独立的人，做事情都有自己想法。对于考研这件事情，我觉得她当时还是很理智的，而且她很清楚自己想要什么。大学期间，为了更好地积累教学经验，她一直在校外的培训中心担任助教。”丁斯菲学姐的大学好友黄雪菲这样告诉记者。

大三下学期，虽没有做最终决定，斯菲还是慢慢开始着手复习专业课，并整理笔记。虽然这是一段游移不定的时期，但她没有让自己的时间荒废。在一次次纠结、尝试和努力中，她度过了大三。

大四上学期，丁斯菲最终决定考研，她认为，“考研，更像是一块跳板，跳上去，就有更高的平台。”此时的她也没有停止自己的兼职工作。由于对时间的合理安排，让她的复习阶段异常充实。“复习很累，但是时间的利用率很高，所以自己也特别有成就感，这需要快速地调节自我的状态，更需要一颗平常心。”

平常心≠松懈，我不是苦修式的学习者

决定了考研之后，重要的就是怎么考、怎么复习的问题了。对于丁斯菲来说，所剩的复习时间并不充裕。在这半年中，要怎样强化自己的专业知识，同时顺利完成兼职，是一道难题。

丁斯菲始终认为考研应该是一场马拉松。持续进行高强度学习，并不一定能有好的收效。从大三开始很多同学就着手复习，这样的做法当然是很好的。但是一定要有张有弛，注意心态调整，长时间的紧张有时候会使复习后期有心无力，引发倦怠情绪，这对考前三个月的拉锯战很不利。“当然，仅仅依靠考前的突击也不行。”在谈到自己的应考经验时，她讲道：“虽然我是临近大四才确定考研，但是我的复习时间远远不止半年，从大三有考研想法时起，我就开始强化我的专业知识了，当时报的想法是无论考研与否，把专业知识夯实一些总是没错的，我当时并没有天天泡在图书馆，但是每周有固定复习时间和计划。”丁斯菲并不赞成苦修者式的学习，她更支持一种高效率的复习方式。“那时，我制订了详细的阶段性计划，包括周计划和月计划。复习目标是按知识点划分的。并仔细梳理了自己的知识网络，我认为一个人知识网络的搭建是非常重要的。”

“在大学时期，她常和大家出去玩，但也看了不少书，学了不少东西。我们总觉得她的时间好像比平常人多。”黄雪菲回忆起她们的大学生活时

如是说。丁斯菲自己也表示，在学习方面，她从来不是个苦行僧，只是一直知道自己想要什么，然后规划好去努力。

大学是块试金石

“报考对外汉语专业于我而言并不是心血来潮，我一直对汉语教学有着浓厚的兴趣。”学姐谈及自己的专业时说，“这就是为什么我读研也会选择对外汉语教学的原因。”有些坚持是需要一定时间来检验的。“在大一期间，我也有迷茫的时候。我也会想，可能自己以后就是个语文老师，何必较真太多。”丁斯菲对这段自我怀疑的阶段记忆深刻。“如果不是经历了这段时光，可能自己就不能如此确信地坚持自己的梦想。”大学，可以让前方更明朗。它就像一块试金石，而我们就是待发掘的金子。

在入学之前，丁斯菲是给自己留有余地的。如果不能成为对外汉语教师，至少可以做个语文老师。因为她清楚，虽然对于这个专业她十分有兴趣，但是如果这不是自己真正的优势所在，之后的学习和工作仍将是吃力的。“在最开始，我也没有坚信我就能成为一名对外汉语教师。但是经过专业课程的学习，我的兴趣越发浓厚，优势也越来越明显，兴趣和尝试的结果，让我放下了一切顾虑和担忧，开始一心朝着自己的梦想去努力。”

谈及考研经验，丁斯菲表示，重点在于两个方面：一是文学功底的不断夯实；二是英语学习的进一步加强。她还表示，适当的教学实践也是非常有必要的，这能帮助我们更好地理解对外汉语这一学科。

“辅导员经常会给我们推荐很多兼职信息，而且学校也有三练三创中心，这为我们兼职和社会实践提供了很多方便。”在回忆大学学习和兼职经历时，丁斯菲表示，“我觉得这样的安排真的很完美。我能在课堂上获得对知识的满足，还能在课下继续充电，并将所学理论在实践中真正学以致用。”

大学期间，丁斯菲尝试了很多兼职，“我就是用简单的试错法来检验自己的兴趣和长板的。”日常的学习，不仅仅是知识的积累，同样也是对学习者的试探。“大学时候，我对语言类课程很感兴趣，相较而言，对文学课程的兴趣要弱一些，所以我会在兴趣点上多下一些功夫。我发现我所喜爱的恰好也是我擅长的。只有兴趣才能让人对一件事情保持长久的热忱。”正是对自我清晰的认知和判断，丁斯菲在奋斗的路上才毫无担忧和顾虑，也正是这份热忱，最终让这个非师范专业的考生顺利考取了教育类硕士，成为一名对外汉语教师。

在大学里，丁斯菲除了学习之外还参加了很多课外活动，因此对于时间的规划也是个问题。“上大学之后，我真发现时间不够用了，而且自己的精力也是有限的，这要求我要学习割舍和权衡。就拿逃课来讲，我也曾因不得已的原因逃过课，当时是因为想去参加一场讲座。”丁斯菲将这段糗事悄悄告诉记者，并表示，这事实上就是一次艰难的权衡、一个美丽的错误。“但更多的时候逃课并不是解决问题的办法，我们还是需要学习如何妥善地管理时间和分配时间。”丁斯菲认为在这一点上她还有很大的努力空间，“只有真正懂得如何妥善管理自己时间的人，才配拥有高效、有品质、有趣味的人生。”

步入正轨和渐入佳境

“现在我研究生毕业了，在北京找了工作，是北京交通大学的对外汉语教师，主要培训低年级留学生，让他们尽快适应语境，开始跟班上课。”

丁斯菲现在主要的教学对象就是北京交通大学预科班的留学生，要让这些几乎是汉语零基础的学生在一年之内能够完成基本的日常交流，并通过 HSK4 级考试（母语非汉语者的汉语水平考试），实非易事。

“这样的教学任务并不轻松，但我很满意现在的工作。”

当记者问到，现在的择业标准和大学时期有什么不同时，丁斯菲学姐说：“在大学时期，可供我选择的最大平台也就是西南地区的教育平台。我们接触的留学生一般是来自韩国等亚洲国家的学生，所需的师资也相对较少。读研之后，通过出国任职、国家汉办这些平台，我获得了更多的机会。当初考研选择去北京，就是因为那里就业机会更多，所以现在我的选择标准也要提高很多。”

丁斯菲在研究生期间曾凭借自己优异的成绩争取到国家汉办赴韩带薪任教的机会。彼时，她的教学对象主要是韩国高中生，“他们对中国文化是很感兴趣的，因此在教学时，很多语境他们是有一定了解的。也正是因为有兴趣，所以教学过程还算轻松有趣。”正是在韩国和这些高中生的相处，让丁斯菲形成了自己独具特色的教学模式，并让她收获了许多在学生管理工作方面的心得。

现在，丁斯菲主要负责来自蒙古和俄罗斯的留学生的教学和管理工作。日常的教学强度非常大，工作压力也不小。“现在我们只是负责学生的语言课程，在文化上几乎没有涉足。现阶段的薪资也不是太高，但一切才刚刚起步，我相信只要坚持下去，未来无论是在物质方面，还是在自我价值的实现方面，都一定会有所进展的。”谈到现阶段的工作状况，丁斯菲乐观且坦率地告诉记者，她始终相信，只要坚持梦想，从容不迫，一点一滴地去努力，没有什么是不能实现的。

结语

人生如同河流，从一滴水那刻开始，日积月累，由涓涓细流汇成江河湖海。人也应成为大河，在日复一日的生活中不断积累壮大。不用刻意追求奔流不息的浩浩荡荡，只需做到在经过乱石险滩时平静以待。

丁斯菲就是这样一条大河，看上去总是处变不惊，生活中也安静不争。但是河底的暗流早已汹涌澎湃，她只是在等待，等到合适的机会方显波澜壮阔。这大约就是荡舟小憩和乘风破浪的智慧吧。

向往平淡却不甘于平凡

——访复旦大学硕士黄雪菲

执笔：2014 级行政管理专业陈集羽

指导教师：方小林

2008 级对外汉语专业：黄雪菲

要么旅行，要么读书，身体和灵魂必须有一个在路上。

——题记

翻开黄雪菲的相册，你会感觉就像是进行了一场视觉上的环球旅行。沙滩，高山，草原……世界各地都留下了她潇洒从容的身影。她向往的平淡是一直在路上，到处走走，看看世界，看看人间百态。可是她也不甘于平凡，她想要尝试不同的路，想看看自己的极限，想知道自己究竟能够走多远。曾经执着地想要出川的那个女孩，最后兜兜转转还是回到了成都。

黄雪菲，四川大学文学与传媒系 2008 级对外汉语专业学生，如今就职于美视国际汉语学校，一份与专业对口的工作。对于目前的工作，黄雪菲表示很满意，回忆过去，她走过的路就和她的人生信条一样，向往平淡却不甘于平凡。

兴趣是最好的老师

刚进锦城的那一年，她 18 岁，风华正茂。周围的一切都是那么新鲜，大学生活真的和听说的一样丰富多彩。黄雪菲坦言从小时候起自己就是一个非常内向，腼腆的女生，可是骨子里的不羁让自己从进入大学的第一天起就决心改变自己，充满无限可能的青春岂容辜负，趁着这金色年华就应该蓬勃向上，做自己喜欢的事。

因此，在各大活动现场都能看到黄雪菲的身影。大一的时候曾是学生会女工部的部长。在女工部，她印象最深的是每周会和一群可爱的女生一起练形体，学礼仪。黄雪菲说，别小看个小小的在文传系不太起眼的部门，却发挥了大作用。文传系每周都会有各种各样的讲座和会议，需要大量的礼仪人员，这时候女工部的作用就体现出来了。此外，进入工作岗位后，当初学到的礼仪和知识都得到了很好的运用。黄雪菲说："在这里学到的一切，对于将来同学们的工作都会有莫大的帮助。大家都要多多参与，认真学习，一定会有收获的。"

因此她一直很感谢文传系创建的实训平台，这些由系里自己创办经营的平台让所有文传学子都受益匪浅，在理论中实践，在实践中学习，在学习中成长。大二的时候她加入了轮滑社，经常和其他学校的同学一起刷街。她外表看起来瘦弱文静，却执着追求并热爱轮滑刷起来瞬间的感觉，她说那种感觉很刺激很奇妙。在轮滑社她认识了许多志同道合的朋友，自己的性格也开朗了不少，学会了如何和他人沟通，交流彼此的想法。到了大三，学习之余，她更喜欢和同学们一起演话剧，这也为她后来进入复旦的话剧社奠定了基础。同时，演话剧也成了黄雪菲缓解压力的方式，大三的课程虽不多，但毕业的压力却时常让自己感到焦躁，这时候她会选择约上三两好友去教室排练话剧，有时候在寝室就一个人自导自演。演话剧时的全情投入让自己沉浸在角色里，忘记了现实中的焦躁。

在黄雪菲的记忆中，一直有那么一个人，在自己最迷茫的时候就像指路灯一样一直默默散发着光芒，提醒自己时刻朝着前方的光亮前进。刚刚步入校园，她和所有其他大学生一样会感到迷茫，会感到孤独。和高中生活不同，那时候的自己一心一意为了理想的大学奋斗，每天活得充实而清晰。而现在面临的是全新的环境，身边的人不再是怀揣同一个梦想的“战友”，自己即使每天都忙得晕头转向，奔跑在各个社团之间，还是觉得很孤独很迷茫。那段时间黄雪菲常常感觉心力交瘁，甚至一度怀疑自己的将来的发展。这时候，许妍老师的出现让她重新找回了自己，这个认真负责的英语老师不是单纯地传授英语知识和技巧，更多时候她都在给同学们灌输积极的、正能量的人生态度。因为她，黄雪菲渐渐摆脱了迷茫，找到了自己的定位，并开始坚定不移地朝着梦想前进。

也正是因为许研老师，她更加坚定了当老师的梦想，她也想要和许研老师那样，改变孩子们的命运，想让他们学会如何真正地学习和做人。希望自己有一天能够像许研老师一样影响身边的人，传递正能量。

很多人认为大学里的社团组织很浪费时间，耽误学习，可是黄雪菲却认为大学之道不仅仅在于学习知识，更在于学习做人。通过各种各样的活动，她接触了形形色色的人，每个人的出现，都会让她从中感悟出书本上没有的道理，她说，“他们有的积极向上，教我敞开心扉；有的安静沉稳，让我谨记戒骄戒躁；有的执着专一，让我明白做事一定要坚持，做一个专一的行动派。”所以，她告诉我们，不要害怕去尝试，不要害怕犯错，年轻的时候就应该多摔摔跤，但一定要爬起来并积极总结摔跤的原因，防止下次再在同一个地方跌倒。大学学的不仅是如何成功，很多时候我们要学着如何面对失败，从某种意义上来说，这更加重要。

走出去，方知天高海阔

“人生很短，世界很大，我想出去看看。”她的声音娇柔却分外坚定。问起为什么考研，她直言不讳：“我当初其实是打算出国留学的，我想出去，从小生在四川，长在四川，这一生说长不长，说短其实还真挺短的。所以我想要出去，可是我雅思没考过，就这样决定考研了。”这话里有一丝丝惋惜却没有丝毫后悔，这就是黄雪菲，她认为人生中所做的每一个决定都应该对自己负责。

复旦大学，对于很多人来说还是一个可望不可即的梦想，可是她却说：“我是那种要么不干，要么干得漂漂亮亮的人。”所以对于选择复旦大学她并没有太多的心理思想斗争，从一开始到决定好学校和专业，总共花费的时间还不到一周。黄雪菲很清楚自己想要什么，她只想考本专业。

谈起关于选择学校和专业方面的建议，她毫不犹豫地说，“首先一定是取决于兴趣的。”她用十分诚恳的语气说道，“我觉得在选择学校方面很多人都有误区。周围很多四川的同学都不想出川，不想离家太远，也不适应北方等差异较大地区的生活习惯。再加上四川的考生本来就很多，这样一来导致四川的大学竞争增大，反而对自己不利。但是，如果你换个地方，换个环境学习，你所接触的一切，包括生活习惯等都不一样，都会或多或少影响你的视野阅历，甚至影响你思考问题的方式和角度。就比如东部和南部的一些重点大学，在一定程度上，尤其是教学方面都会先进很多。所以我们应该理性分析形势，选择最佳方案，一定要有信心，有底气。”这段语重心长的话让聆听者受益匪浅，仿佛是一个老师在将自己的毕生所学娓娓道来。

作为学姐她毫无保留地告诉我，“跨专业考研要提前准备，具体时间要根据跨考的专业的难度和报考的学校决定。首先要定好学校，然后去官网看参考书目，找真题做，目的是测试自己的掌握程度以及水平。”关于书，她建议多看几遍。她反复强调一定要注重效率，考研是对体力和心灵的双重考验，千万不能忽视身体健康状况。

黄雪菲，阴差阳错地决定考复旦大学，在这个过程中，她一步一步，踏实而坚定，越是深入了解汉语国际教育专业，她越是热爱。抱着书本在复旦大学的教学楼之间穿梭，她觉得自己非常享受这种学术氛围浓厚的感觉。深入学习着自己热爱的专业，和一群中国顶尖的老师、同学探讨学术问题，即使出国留学，自己也许不会如此专注于一件事，不会将自己最青春美好的年华奉献给自己喜欢的事情。考研，这也许是命中注定，冥冥之中，她走向了这条风景无限的路，但是她坚信，所有的幸运都源于自己的努力，源于自己不甘平凡的倔强。

我愿平东海，身沉心不改

“在我印象中，记忆最深刻的事其实是好笑又心酸的。”说起在考研期间印象最深刻的事，黄雪菲浅浅一笑，好像是对过去那拼命的自己的致敬，又更像是回头看来时的心酸路时的怅然。锦城有一个传统就是周末常常有各种各样的考试比赛，需要借用教室，这时候属于考研学生的专座就需要腾出来做考场。每到这个时候，黄雪菲就会极其不情愿地拖着自己厚厚的书回寝室，然后早早计算好考试结束时间，赶到教学楼下等着冲进教室占位置。说到这里，她不禁笑出了声，这样的自己也确实很少见。在教学楼门口，看着虎视眈眈的战友们，黄雪菲卯足了劲，就像此刻就在考场上一样，谁冲到前面就多一分获胜的把握。“准备考研期间就是这样，神经绷得太紧，一点小事都能让自己瞬间调到备战状态。”她无奈地说。

虽然自己把时间看得比任何事都珍贵，但是她说自己绝不是死读书，“没有效率的持久战，只会拖垮你自己。”

第一，考研的成败取决于学习的效率。

这似乎很有道理，到了大三，文传系的课程基本上还是天天都有。黄雪菲说学习并非一定要整块的时间，零碎时间利用起来照样可以达到很好的效果，如果当天课比较多，她会选择在课间背背单词，看看重要知识点。“不要小看这些零碎的时间，积少成多，不经意间你会记住许多东西，这种效果有时候比整块学习时间的记忆来得更好。”晚上自己也不会睡太晚，她说备考中最重要的就是全神贯注，而良好且充足的睡眠是基本保障。

她以前经常听学长学姐说，“集中注意力很重要，一定要全神贯注。”但每当听到这样的话，她都觉得是多余的，因为她觉得本来做什么事都需要专一。可是到后来，她觉得这才是真正的考研“秘诀”，效率真的很重要，没有效率一味地埋着头向前没有任何意义，最终只能得到事倍功半的结果。

第二，正确的学习方法是成功的一半。

她坚持早睡早起，每天早上 7 点，天还没有亮就起床去图书馆学习。她说早起的意义不仅在于会多出许多时间学习，更重要的是能够做到每天坚持早起，风雨无阻，就没有什么困难是克服不了的了。这样自己就会有了更多动力。晚上她也不是一味地熬夜，一般会练题到 9 点左右。但在这期间，绝对是高效率完成任务。黄雪菲说，她并没有觉得考研多么艰难，只要掌握了方法，一切都能水到渠成。

第三，劳逸结合才能事半功倍。

如何拒绝诱惑？本以为得到的答案会是诸如坚持坚持再坚持，时刻想想你和别人的差距，你的对手此刻正在翻书之类的励志套话，然而黄雪菲却说，“很多时候我也很羡慕，看着曾经一起上课下课的同学每天过得轻松自在，心里也很痒，也想要放松。虽然我一旦下定了决心就有了放弃一切的准备，但这并不意味着我完全与她们隔绝，我每周给自己留出5个小时的放松时间，看电影、听音乐、看美剧等都是不错的选择，有时也会跟着自己的闺蜜出去唱唱歌发泄，或者出去搓一顿好好犒劳自己。等到玩够了，休整好了，晚自习之后继续回到图书馆看书，全身心投入，此时的效率也会比疲劳状态下高出许多。考研是对身心的双重折磨，决心很重要。”对一个追逐梦想的人来说，只要心中始终怀着对梦想的执着，就不存在其他的诱惑。

通过采访黄雪菲的老师和同学，我们了解到她是一个高度自律的人，平时就对自己高标准严要求。她在锦城的四年成绩一直名列前茅，也获得过大大小小各种奖项，一提起黄雪菲，老师和同学们都是赞不绝口的。作为锦城优秀毕业生，她身边常常有学弟学妹取经求教，她也倾囊相授，给予最诚恳的建议。

黄雪菲认为自己所有的成功都离不开文传系的栽培。在自己最难熬、差点要放弃的时候，是指导老师给了她希望，鼓励她坚持下去。文传系所有的老师都非常关心每个学生的和生活学习情况，黄雪菲刚开始打定主意要考研的时候，系里专门安排了专业的指导老师，一开始黄雪菲完全没有头绪，不知道怎么复习，也不知道怎样安排时间。这时候系里建立了专门的考研群，定期会有老师在里面发布最新的考研咨询、考研初试复试的技巧等，在这里她也认识了许多志同道合的研友。

黄雪菲说：“系里的老师给的指导非常重要，只要按照老师指导的去复习，基本上就能轻松掌握各种考试资讯以及方法。根本不需要再去报所谓的培训班，听所谓的学长学姐传授经验。”黄雪菲对于学习的态度简直就是锦城校训“至于至善”最淋漓尽致的体现，每天制订的学习任务，黄雪菲要求自己必须当天完成，一旦拖延就会产生惰性，而当惰性变成习惯的时候就难以改掉了。每天坚持下来就是给自己适当的激励，这样就不会那么艰难了。

仰望星空，脚踏实地

当笔者问道“如果用一个词概括你的考研经历，你会用什么词呢?”时，黄雪菲几乎毫不犹豫地说，“坚持。”她说，是坚持这个词贯穿了她整个考研历程，一开始她决心要考复旦大学的时候压力真的很大，对于当时的考研同伴来说，复旦就像是天上的星星一样可望而不可即，很多人都不相信她可以考上。还好她有无条件信任她的家人，还有懂得她的决心和实力的老师朋友，她能做的只有顶住压力，坚持下去。关于结果她没有想太多，她认为既然下定决心就应该勇往直前。

后来进入了复旦，黄雪菲也没有丝毫松懈，她坦言当时压力很大，周围优秀的学生也很多。一门课每天都会有作业，那时每天都很忙。在复旦的学习生活和在锦城是很不一样的，研究生阶段没有指定书目，没有课本。课堂上老师会要求学生下去看书，布置的作业需要看大量的书、参考资料才能完成。在这种环境下就会逼迫自己去看更多的书，自主地学习研究，再和同学深入讨论，最终在课堂上呈现出来的内容背后是做了无数准备的。

她很清楚，人民教师是多么神圣的职业，很多时候自己的一言一行都可能改变一个孩子的一生，因此自己的责任和使命不允许丝毫怠慢，即使现在她也从未停止过学习，只有不断更新自己的知识，与时代发展同步，才能带给学生最有意义的知识和人生启迪。

“我很感谢锦城，在这里我收获了太多，我很庆幸我的青春没有荒废。我没有天天窝在寝室看韩剧睡懒觉，因为每当看到这么朝气蓬勃的校园我就有了去尝试的动力。”黄雪菲觉得一个学校的风气在很大程度上影响学生的价值观，在锦城，所有人都积极向上，充满活力，这让她不自觉融入其中，在青春中尽情绽放。参加各种活动不一定是为了锻炼自己，即使跑跑腿也是有价值的。这种积极向上的人生态度是窝在寝室里看电视剧学不到的。有空多去图书馆逛逛，就算你无法静下心来看书，也会被这种安静的气氛感染。就像她自己，在经历了研究生和本科阶段后对此感触更深，可以明显感到学术型大学更加注重学习，“研究生阶段我一直很忙，因为学校重视小组协调能力的发展和思考能力，所以都采取导师分配任务，然后分组分工完成。”而像锦城这种应用型大学，同时也注重学生的实践能力，因此也会有许多相应的实践课程，提升学生的社会竞争力。因此每个人都应该找准自己的定位，是适合搞学术还是实践能力更强，这也是在大学的前两年你应该尽可能去尝试的原因，只有尝试过才会知道什么是最适合的。

“如果说要我以一个学姐的身份送你们一句话的话，我觉得‘仰望星空，脚踏实地’最为合适。”黄雪菲十分诚恳。仰望星空是要我们时刻怀有梦想，不管有多大有多远，多么难以实现，我们都要矢志不渝，坚持到底。就像考研，如果你决定了，就请你坚持下去，无论什么困难阻碍都不要退缩。星空本来就是因为难以触及而更加神秘诱人，如果梦想的路过于平坦，又怎么能体验奋斗的快乐。而脚踏实地是唯一一条通往成功的道路。

愿有岁月可回首

——访香港浸会大学硕士黄蕾瑾

执笔：2013 级行政管理专业魏周思宇

指导教师：曾瑜

2009 级新闻学专业：黄蕾瑾

四月的香港浸会大学校园，阳光刚好，微风不燥，花儿也开的正好。密的光线从密密的林叶的缝隙中逃逸出来，在林荫道上布下斑驳点点。无数人们抱着书来来往往，行色匆匆。在这一群忙碌的脚步中，刚考上浸大公共事务专业研究生的黄蕾瑾的身影是那样地普通和不起眼。但是只有她自己知道，自己是多么幸运——从四川大学锦城学院来到这样一所世界排名前列的高等学府继续深造。

在这之前，黄蕾瑾只是四川大学锦城学院文学与传媒系新闻学专业2009级的学生。经过在文传系四年的努力学习，一颗小小的种子在锦城学院里面发了芽，到2013年，她更是考上了香港浸会大学公共事务专业的研究生，让自己的人生开出了灿烂的花朵。“宝剑锋从磨砺出，梅花香自苦寒来”，一路走来，从平凡到不平凡，是汗水和努力让她等到了自己花开的消息。现在，就让我们听她将自己的故事娓娓道来。

求学锦城

2009年的9月，黄蕾瑾第一次踏入了锦城学院的校门。摆脱了作业繁多、生活单调的高中，大学的生活让她感觉新鲜而又好奇。时间上的自由，课业上的减负，让她轻松不少。可是只有她自己知道，大学并不是她的终点，而刚刚是她的起点而已。从那时起，她就决定要把大学这四年过得充实而有意义。

刚进学校，黄蕾瑾就被各式各样的社团活动吸引了。在大学里面，人们可以尽情释放自己的才华和激情。一进学校，黄蕾瑾就主动加入了很多社团，学院的宣传部，轮滑社，古风社，当志愿者，各种各样的活动经常会出现她忙碌的身影。到现在，她还庆幸自己没有浪费过那段难忘的时光，而是把它用到了意义非凡的事情上。而这些也成为了她在之后做人处事的资本。

有很多人都说，大学的社团官场气太过浓厚，但黄蕾瑾却不这么认为。她反而觉得社团确实最重情义的地方。四年里，她担任过文传系的宣传部长。从一个什么都不懂的小白，到成为经历风雨的一把手，她在社团里面学到了许多。宣传部让她爆发出了自己内心的能量，也让她学会凝聚众心做事。来自学姐学长的帮助，众人一起团队合作的快乐，社团成员之间的关爱，这些都是她一直不能忘却的。

大学四年里，对黄蕾瑾影响最大的还是那些教导过她的老师。菜菜老师的雅致浪漫，卢应伏老师的博学多才，徐沛老师的帅气，周平老师的言传身教……太多了，在师资拔得锦城学院头筹的文学与传媒系里，这样有着独特魅力与才学的老师实在太多了。但说到底，最让她铭记的还是杨震老师。

在黄蕾瑾的记忆里，杨震老师一直是一个另类的老师。从带同学们看 on liberty，到严惩抄袭的同学，举办读书会等等都显示出他对教学的严格与细致。同时，他又是第一个让黄蕾瑾明白“学术诚信”四个字的意义与严肃性的人。在他的手下，黄蕾瑾为了修改一篇社论，经常要去翻找许多书，改上很多遍，最终才能写成一篇文章。在他课堂上的辩论让黄蕾瑾懂得了坚持自己的意见，说不同的意见，慢慢学会了如何反思自己。对于学术的真诚与对生活的反思，在黄蕾瑾的大学生活以及后来的生活中，都成为了她所谨记的东西。

“锦城课堂大于天”。每当听见这样一句话，黄蕾瑾总是忍不住激动起来。这一句“锦城课堂大于天”她在锦城学院里面听了整整四年，同时也对这句话深有感触。课堂是基础，知识是能力的前提。只有在课堂上将知识打牢了，才能在课后将能力发挥出来。最基本的一点就是在大学四年不挂科的基础上，尽量去丰富自己的知识和能力。

“对我影响最深的应该还是系里面的浓厚的学习氛围”。谈起在学校里面的四年，黄蕾瑾感触颇深。课堂上认真做着笔记，课后相互交流，拿着笔记一遍遍地问老师，这种事情在锦城屡见不鲜。老师们也鼓励学生积极参与丰富多彩的课外活动，去锻炼自己。“黄蕾瑾长得漂亮，人品很好，善良、努力，在班里人缘很好。姑娘人小气质高，到处跑新闻、做采访，她一直很执着于新闻这条道路，对新闻充满着激情。”她的辅导员谢璇老师这样评价她。不得不说，正是这些，让她在后来的考研道路上获得了许多的优势。

时光易逝永不回，往事只能回味。即使毕业之后，在文传系学习的四年光景，黄蕾瑾依然历历在目。她始料未及的是，在文传的学习竟让她在之后学习的道路上走得愈来愈远。

考研路漫

考研对于任何一个人来说，都是一个重要的选择。不管是对于尽早进入社会的逃避，还是希望更充实自己，这或许都是一个不错的途径。

对于黄蕾瑾来说，考研就好像是偶然而又必然的事情。在大学以前，她从没有想过要去考研。但随着在大学学习的深入，她才开始了解到知识世界的广阔。要了解、要学习深入的东西实在是太多了，四年真的不够。慢慢地，她开始了解到，研究生和本科生学习的东西有很大的不同。在教育越来越大众化的今天，仅仅是本科学习的东西并不能让自己适应这个社会的要求。

早在大三下学期末，锦城学院文传系就召开了考研的动员大会，积极鼓励学生们考研。老师和同学们也鼓励平时成绩优异的黄蕾瑾去考研。而就在这时，她才开始渐渐萌生出了考研的念头。

“和其他大三就开始准备考研的人不同，我是毕业工作过一段时间之后才开始准备考研的”黄蕾瑾说。给自己充电是非常重要的一个理由。得益于在校期间参与各种活动的锻炼还有许多次的实习，黄蕾瑾的专业能力占据优势。但同时，真正要将能力运用到实践当中，还必须要有非常扎实的理论基础，而这些正是她所缺少的。直到这时她才真正做好考研的打算。

出乎所有人的意料，黄蕾瑾将自己的考研目标定在了一所世界排名一百多名的香港高校——香港浸会大学。这所创立于1956年的大学与香港大学并立为香港历史最悠久的两所高等学府。在2016年的泰晤士高等教育发布的国际大学排名中位列全球第149名。就是这样一所学校，当黄蕾瑾将自己的目标告诉别人时，别人都觉得不可置信。

这么好的大学她究竟能不能考得上呢？大家不得而知，她自己也不知道。“既然是奋斗，那就把目标定得高一点吧。要不然怎么叫奋斗。”黄蕾瑾这样回答这个问题。香港是东方的明珠港，更是中西文化交汇的地方，到香港学习能够很好地扩充自己的视野，增长自己的见识。她安慰自己如果考得上就好，考不上就当做复习一遍大学四年的知识好了。话虽这样说，但黄蕾瑾还是做好了拼尽十二分努力的准备。

“只要努力，再努力一点就好了，剩下就交给运气了。”黄蕾瑾一直用这样一句话来安慰自己。努力过了，不管成功与否，都不算是失败。正是这种不计较得失的心态，才让黄蕾瑾在考研的道路上走得越来越远。

考研不只是说说而已。当黄蕾瑾准备要考研的时候她才明白其中的艰辛所在。许多人考过研之后才说考研很容易的都是骗人的。读本科时她身边很多人都说要考研，但渐渐地，就很少有人说了。真正决定考研时，因为方向的不同发现身边就只有那么一两个人跟你志同道合。陪在你身边的人越来越少，你也就越来越孤独。考研，根本上说就是一个人的孤军奋战。

考研对于任何一个人都是很艰苦的事情。从早到晚在图书馆看书，自习室食堂寝室的三点一线，一天一天堆积起来的复习资料。一个人除了背单词几乎都不说话。这种生活就好像回到了高考的那段日子。黄蕾瑾调侃着那时的日子“简直就好像是魔怔了一般。”

一个人去了解大学的招生信息，上各种论坛和网站查资料，去微博看其他前辈的面试经验，这些都只能是你一个人去做。从最开始的准备申请资料到递交申请书，再到最后的一个人去面试，只有你一个人在慢慢前进着。一步步迈向那个梦想的地方。因为语言的问题，还有申请书的问题，确实让黄蕾瑾吃了很大的苦头。相比较于考研复习的艰辛，一个人去承受那些孤独才是最困难的。不过幸运的是，黄蕾瑾坚持下来了，而且成功了。

考内地大学的研究生和考香港地区大学的研究生是有很大不同的。一般来说，香港的大学相比较于内地的大学更注重你的综合能力，看重你大学参加了什么社团活动，有哪些社会经历，在这些经历和荣誉中得到了什么。而内地的大学往往看重你的本科院校和考研成绩。也就是说，如果你想考香港的大学的话，你的社会经历以及面试成绩占总成绩的比重要高得多。

到这里不得不说，大学期间在文传系的学习经历让黄蕾瑾在考香港浸会大学的研究生是获益匪浅。创业大赛，和团队一起参与教研书籍写作，出外实习，都让黄蕾瑾获得了常人难以习得的经验，这些也成为黄蕾瑾个人经历上出彩的一笔。更值得一提的是文传系当时专门为考研的学生建立了专项的联系网络。通过这个网络，黄蕾瑾和很多考上了研究生的学长学姐们沟通过，在他们身上得到了许多考研的经验，她的考研之路才得以如此平坦。

大学本科的教育对一个人的能力是非常重要的，在大学里打好基础，然后考上研究生是水到渠成的事情。在文传系学习实在为黄蕾瑾以后的发展打下了良好的基础。蔚然的学风，良好的学习氛围，友爱的环境，至今让黄蕾瑾念念不忘。诸多大学期间的老师也在考研期间给予了很大的帮助，正是这些成就了她。

学在浸大

到香港浸会大学读研的时候，黄蕾瑾并没有选择自己老本行——新闻专业，而是选择了一个偏向于哲学性质的专业——公共事物专业。当我们提起疑问时，黄蕾瑾坦言还是文传系的老师给了她很多的感悟。从苏格拉底这般希腊先贤的智慧，弗洛伊德的精神学派主张，欧洲近代哲学家思维，再到马列主义，这些都深深令她陶醉。一个人的知识层面是不能忽视的，但一个人的哲学素养同样重要。选择这个专业也是更想深造，深入学习各种哲学思想。毕竟这些哲学性的思考对一个人的为人处世都有很大的帮助。虽然并没有在新闻这条道路上继续坚持下去，但黄蕾瑾表示并不遗憾，因为那些哲学知识是思考人生的美妙瑰宝。

对比大学和研究生的生活，黄蕾瑾体会到了很大的不同。研究生比较于本科阶段，研究的东西更加全面，而看问题的深度也更加深。看待一个问题往往要从多个方面来考虑。而且，学术能力的要求对于研究生来说是一个很大的考验。其研究能力的要求都要比本科生要高得多。

谈起在香港的研究生生活，黄蕾瑾最大的感想还是要多读书。在本科阶段尽管就读了很多的书，但是到了读研的时候就发现这远远不够，更何况考上了研究生呢？硕士对一个人的要求比本科生要高得多，知识面的广博与否在越来越高的知识层面里显得越来越重要。看一本书要从好几本书上参考，将不同书里面的观点相比较，找出他们的区别，并加以自己的理解。很多情况下，写一篇五千字左右的论文，要援引的材料字数更是接近十多万，相关的资料更是数不胜数。到现在，黄蕾瑾都经常会出现书到用时方恨少的情况。

更何况，读书，是对一生都获益匪浅的一项活动。生活的智慧，人生的经验，各种哲学性的思辨都可以从书里面得到。书看得多了，人的视野自然也就广阔了。多思考，一个人的能力也就上去了。如果不去主动思考，一辈子都只会是一个碌碌无为的提线木偶。

寄语莘莘学子

谈起由自己的考研经历带给当今文传系准备考研的同学们的建议时，黄蕾瑾直言最大的建议就是找准自己人生的定位，早做准备。早起的鸟儿有虫吃，机会总是留给那些有准备的人的。不要等到毕业的时候才去规划自己的人生，万事都要早作准备。找准未来的方向之后，便勇敢地去做，既然选择了远方，便只顾风雨兼程。努力之后，其余不管成不成功，都不算失败。

最后，和谐友爱的学习生活环境也是非常重要的。黄蕾瑾感恩正是母校的栽培，给她后来的人生道路提供了基础，文传系的老师恍若灯塔照亮了这艘小船前进的方向。

人生向来没有终南捷径，每个人都只能一步一步地往上爬；生活需要攀登，一步一个脚印才是最稳妥的求道之路。每个人生来都是平凡的，但每个人都可以是不平凡的。在遇到困难时，想着自己努力一点，再努力一点，青虫也可化蝶，雄鹰自当高飞。当我们最后回首脚下，不过是往昔绮丽的风景罢了。这就是2009级文传系新闻专业学生黄蕾瑾的故事。

莫让现实阻碍了你

——访香港教育大学、香港中文大学双硕士唐疏彤

执笔：2015 级网络与新媒体专业杨皓钦
指导教师：王婧瑜

2009 级新闻学专业：唐疏彤

我们都是追梦的“北漂”

北京，一个充满机遇但又满是挑战的地方，当然历来也是很多人追寻梦想的地方。在他们之中有的是心怀梦想的青年，有的则是刚刚毕业“初出茅庐”的学生。

一张干净整洁的桌面，一点绿色的盆栽，一台普通的电脑，一摞厚重的资料。在北京大多数的公司中，这样的办公区是最为普遍的固定陈设。

周围都是忙碌在各种工作岗位的人们，在北京快节奏的生活中这早已成为了一种习惯，每个人为了梦想、为了未来、为了生活而不停地奋斗着。北京的夜里整个城市灯火通明，似乎并没有因为太阳的落下而停止整个城市生活的继续。

北京市朝阳区时尚集团办公区，少女每天重复着几乎相同的工作。作为公司时尚旅游新媒体编辑的她，每天坐在电脑面前用双手不断收集资料、编辑、码字并且推送。虽然作为初入职场的她每天都是重复着这样的工作，但是她的脸上却时刻挂着满足的笑容。

问："你是怎么看待自己现在的生活状态呢?"

答："我现在就是一个辛苦的码字员。"

每天工作很累的时候少女就会泡上一杯咖啡并且用这样的口吻开玩笑，似乎每天辛苦工作的是别人一般。

而当问到少女现在生活辛不辛苦，有没有后悔来到北京的时候，她总是微笑地说道："因为我喜欢这份工作，所以再辛苦我也不后悔呀！而且我觉得现在的工作也不是单纯的重复呀，有的时候重复是一种积累！对，就像高中政治量变与质变一样！"说完紧接着又回到工作岗位的她接着开始了她为自己的梦想和热爱投身于辛苦地码字工作之中。

虽然只有相对短暂的一段时间去接触她，但在笔者印象中，她的嘴角似乎永远向上微微翘着，脸上也总是挂着甜美的笑容。每次交谈她也一直都是以诙谐幽默的口气诉说着自己全部的生活，微信朋友圈里总能看到她在周末闲暇之余走遍北京的大街小巷寻找着各类美食。似乎少女永远没有烦恼一般，而这座以快节奏著称的城市到现在都没能够让初来乍到的她嘴角有丝毫地向下弯曲。

问："看你微信朋友圈，总觉得你是一个没有烦恼、热爱生活的人啊!”

答:“就算是现在的自己生活过得已经很艰难了，但是自己也没必要把自己艰辛的一面分享给他人，不是么?而且难说别人觉得你负能量爆棚把你屏蔽了呢，可不是所有人都想看你自己的辛苦和不如意的。”

“其实现在工作压力挺大的，可是我是发自内心的喜欢现在的生活。”穿着简洁时尚的少女一边微笑着诉说还一边悠闲地走在北京的街头，相比周围匆匆走过的路人，少女似乎和这座快节奏的城市有着一丝可以包容的不协调。

“说起当初来应聘时尚集团的时候，我其实还是下了挺大的决心呢!”因为之前就读的学校没有排名全国前列，加之自己语言方面没能达到公司要求，第一次的入职申请被应聘公司所驳回。

“我不会就这样放弃自己，读书是那么多年来的梦想和热爱!”相比于其他人毕业后急于寻找工作的普遍大学生，少女做了一个用青春拼博的选择——攻读第二硕士专业。

不过现在看来，当时的选择无疑是正确的。“那是我用青春时期天然玻尿酸和饱满苹果肌的青春换来的‘热爱’呐!”她总是挂着满足的微笑。

慌乱的青春需要最原始的勇气

攻读第二硕士专业并非一件容易的事情，当周围的同学、朋友都纷纷踏入社会走进职场的时候，她面前只有来自时尚集团入职被驳回的通知。面对这个自己心仪已久的公司的入职驳回，她没有像朋友和亲人劝说的那样，为了稳定和现实，劝她找一份其他自己能力可以胜任的工作。“我一直都很喜欢这样一份工作，而且新媒体编辑这样的职位我也是经过思考了的。”最终，她还是没有屈服于现实而找一份工作，刚刚研究生毕业、第一次应聘失败的她选择了以原本香港教育大学‘公共政策与管制’专业硕士的身份攻读了香港中文大学性别研究专业。

问：“当时做出再读一次研究生这样的决定，我想一定需要很大的决心和毅力吧?”

答：“说实话，那个时候就像是赌博！而且现在也挺感谢当初自己一无所知地横冲直撞，撞了南墙也不回头的那种行为。”

“趁年轻，我们还是要有一种理智的冲动。明白自己想要什么，并且向着它不断努力。只要自己没有轻言放弃，到最后就算是头破血流了又会怎么样呢，而且那个时候它已经被你牢牢抓住在手里了也说不定。”说完，她又大笑道：“好像说得有点太夸张了，但是事实就是这样的呀!”

在攻读第二硕士专业学习的过程中，难免周围会有不理解她如此行为的人，也难免会有一些嘲笑甚至是讽刺的声音传到她的耳朵里，但是她并没有因而放弃或者是生气于这样的言论，因为她知道自己这么做是因为自己想要这么做下去。“我的家人也都没有全部理解我当时的做法呀!”接着她又继续着自己前些年天天图书馆的日子，过滤掉身边闲言碎语的嘈杂，一心投入到忘我学习的境界中，她知道自己心里有着一个梦想等着自己去完成，自己一定要坚持下去。

“坚持的理由很简单，那就是我喜欢，我要!”两次攻读研究生的经历并不是简简单单耗费了她的时间。在整个漫长的过程中，时间赠与她的除了知识、学历文凭外还有一种坚持到底、不服输的坚毅性格。最终她在第二次研究生顺利毕业后拿到了自己心仪的 offer。

当时公司要求英文要过关，她就去补习英文并且使用英文交流，最大程度地提高自己的英文水平。“我的朋友他们都会好几门语言呢。如果粤语也算一种的话，我就会粤语、中文和英语三种，我觉得自己都快要被社会淘汰了。”入职前，刚从国外补习英文回国的她这样说道。每次从她玩笑般的回答中，笔者总能感受到她微笑背后付出的汗水和艰难。

在拿到了时尚集团 offer 的那一刻，她没有想象的痛哭流泪也没有激动到睡不着觉，她的平淡和家人朋友的高兴是两种鲜明的对比。她知道自己无数个日夜应该换来什么，也明白自己当初他人看来的冲动无疑是理智的。

“感谢自己最为原始的勇气和冲动，当然也要感谢那个充满了天然玻尿酸和饱满苹果肌的青春。”

用准确的目标过好“杂乱”的生活

问：“有一点我一直很不解。”

答：“说出来我帮你算一卦！”

问：“第一次研究生是公共政策与管制专业，到了第二次研究生突然跳转到了性别研究专业。虽然都从属于社会科学的范畴，但是这样的跨度感觉还是有点大，你自己有没有感觉到吃力呢?”

答：“并不会的，记得高中毕业进入大学校园选择的专业是新闻学专业，刚开始入学的时候我们学院院长就对我们专业的同学说过一句话，即‘新闻应是一个杂家，只有自己看得多，研究得多了，你才能培养出发现问题，透析问题的能力！也只有这样才能做好新闻。’虽然那个时候的自己什么也不懂，但是我还是明白了一点——想要做好一件事，事先的准备必不可少。”

说起大学时光，她脸上的笑容又是加深了几分。“大学时期自己说实话是到了大三才明白自己到底想要追求什么的，也是那个时候才意识到自己‘时间不多了’，也是时候需要好好思考一下自己的未来的路想要怎么走了。”

大学三年级开学，慢慢地她发现自己周围的朋友和同学一个个有的找实习、有的决定深造考研，刻苦复习，原本沉浸在大学欢快生活中的她第一次感受到了迷茫以及一丝不可察觉的危机感。

“上课老师总说要提前思考自己的人生，学会规划好以后的路线。”她的脸上带有一丝丝的自嘲道：“也许是那个时候自己在学校也算小有成就，学习也还算优秀的缘故，当时的自己还在想以后的路还那么长，没必要把自己弄得如此紧张吧。”最终事实证明最后是自己想错了，面临着迷茫和丝丝危机感的她决定要彻底改变自己的心态，也要思考自己今后应该何去何从。

起初，她还是没能找到自己的目标，想着和朋友们一样考研深造，但又不知道自己应该做什么。直到一次新生入学专业交流会的举办，身为系外联部部长的她需要出席参与交流聆听。本想着自己听过无数遍而没有专心听讲的她在发呆的时候，耳边传来了一句熟悉的话语：“新闻学是一个综合性较强的学科，说直白一点就是一个‘杂乱’的学科专业，之所以说‘杂乱’是因为你们只有自己看得多，研究得多，才能培养出发现问题，透析问题的能力！这是好的新闻人应该具备的素养，也只有这样才能做好每一个新闻。”曾经听过的话语重重地砸在了她的心中，她也在那一刻明白自己在思考未来的时候，不是一味地遐想自己未来的精彩，也不是让自己活在一个自己主观臆造的美好想象之中。她明白这一切的基础是积累、是沉淀，是向着自己的目标而做好扎实的基础。

此后，她再没有空谈自己的伟大理想。也是从那天起，她就像是变了一个人一样，没有像从前一样每天没有任何目标的机械化学习，也没有把课余时间完全投入到部门和社团之中。“感谢自己那些年每天坚持去图书馆，以及帮我开馆、等我闭馆的工作人员。”有了明确目标的她开始了每天全身心投入书本备考的生活，图书馆复习备考的时间几乎充斥了她三分之二的在校时间。有的时候也会选择性放弃一些课程来增加自己的备考时间，做事有着自己的思考和想法。“我记得那个时候有的同学还对我冷嘲热讽过，觉得我不应该这样对待大学的课堂，可是我觉得复习还是应该要抓自己的薄弱点。”她说完又一次大笑：“还好最后考上了，不然还是感觉有点丢脸的。”

问：“现在大学很多人为了增加就业机会去考各种资格证，还有的则是完全跟风考证。”

答：“在我看来这是个人价值观不同的问题，不过我是不会盲从考证跟风的，我有自己的想法和目标，太多的证说是更多选择，但是也会成为自己对目标追寻过程中放弃的接口以及对梦想追寻的羁绊呀。”

“大学还是要有自己的想法，不能说他们做什么或者说是什么流行就盲目地跟大潮，我们学新闻的要有一种透析事件本质的能力，不是么?”很难从总是爱开玩笑的她的话语中捕捉到她在那么多年学业奋斗生活中的心酸。“说起来，其实自己还是有想过放弃，但是自己从入学就许下的梦想和希望，不能让自己亲手去破灭它呀！所以最后还是坚持了下来，我感谢并且庆幸自己当初没有放弃。面对大学的艰难，做好自己的事，坚持与坚强！”

“当然最要感谢的还是学院的老师吧，特别那一句话，我想我会记住一辈子的。现在也假装一次很厉害的前辈分享给自己的学弟学妹了。”大学生活的转变使她明白了一个人的未来说来就来了，时间从来不会停下等待着自己去慢慢规划自己人生宏伟的蓝图，更不会指导自己怎样去奋斗拼搏出自己的未来。

不愿平淡成为自己的日常

“我想大学存在的更加深层次的应该是对自身思想的又一次启蒙和解放！”在大学学习生活的四年里，难免的和各种类型的人打交道。同时作为外联部的一员，处理工作也会经常与各种各样的人交流。“因为接触的都是不同的人，不论地位、年龄抑或是身份职位，不同的人我们交流的方式和内容也不同，因此通过这样的交流我能接触到不同的层次，也能了解到很多课本上学不来的技能和知识。”因为性格原因原本就喜欢交谈的她，喜欢上了自己每天上课下课同老师交流学术以及思想，课余时间与其他人交流体会不同思想。并且这样的生活成为了她的习惯，相比于室友们每天学习、逛街、购物的日常来说，她平时就没有停下来的时间，整天忙于各种各样的交流之中。“室友都说我是话痨，可是我喜欢和别人交流，交流的过程中不是简单的聆听，而是一种代入性的思考。有时候你会发现人与人之间思想的不同以及自身思想问题所在，这样不是很好么？而且通过交流你能够体会到他们不同的思想，这是一个很有趣的过程。”

慢慢交流成为了她的日常生活中的一种习惯，也是这样的一种习惯使得她在许多次交流后慢慢让自己的思想完成一种自我预期中的成长和启蒙。也使得她在后来的工作学习中能够有多元化的思考。课堂上老师们再也没有像高中那样每天单方面的传授知识，每次面对一个问题，她独到的见解往往能让她得到一个老师也觉得优秀的答案。

“我很感谢在大学遇到的老师们，他们总是通过思考让我们不断拓展思维，从而能够更全面地看待问题，并且明白自己最后想要追逐的到底是什么，值不值得自己付出。”大学的学习使得她看待问题更加全面，思想的解放也使得她懂得了自己要做真正的自己，而并非向着前人走过的路再走一遍，也是这样的思想才使得她如今能够在自己心仪的公司工作，而不是学习他人一般为了“安稳、现实”放弃对自己梦想的追寻而随便找一份可以过日子的工作。

“成功学是别人奋斗的成果，我们都是不一样的个体，我们没有办法照着别人的成功进行复制粘贴，再说那样的成功也不是自己初心所想。虽然我们没有办法仿照成功，但是我们可以自我创造成功。”

感恩一切梦想开始的地方

2009 年的夏天，又一年的高考毕业季结束。成都市高新西区西源大道一号四川大学锦城学院体育馆文学与传媒系新生报到处，一个脸上挂满笑容的女孩走进报到点：“你好！我是前来报道的新生，我叫唐疏桐，就读新闻学专业，以后的四年还请多多指教。”

听见花开的声音

——访四川大学硕士李欣儒

执笔：2014 级行政管理专业陈集羽

指导教师：方小林

2009 级行政管理专业：李欣儒

李欣儒，四川大学锦城学院文学与传媒系 2009 级行政管理专业，目前刚从四川大学公共管理学院中外政治制度专业毕业。

和锦城绝大多数学生一样，李欣儒没有传奇的校园故事，也不是学校的风云人物，她只是一个简单快乐，有着坚定梦想的逐梦者。在追求梦想的路上，她一路播种，辛勤耕耘，最终听见花开的声音，收获一路芬芳。

锦城印象，毕生难忘

2009 年，李欣儒踏上了离家上学的路，她至今记得刚迈入锦城的那一刻，她感受到扑面而来一股清新的气息，就像春日茁壮生长的花朵，散发着芬芳和朝气。直到现在一谈起对锦城的印象，李欣儒还是第一时间想到“朝气蓬勃”这个词，想起莫名塘的翩翩杨柳，想起广严大道林立高耸的大树，想起图书馆的层层阶梯。

一开始，她极其不适应大学的生活，对于她而言一切都那么新鲜，像绝大多数大学生一样，李欣儒很迷茫，没有找到自我定位。后知后觉地到了大一下学期才发现大学是一个高度考验自主能力的地方，所有的知识和收获都需要靠自己主动去争取。生活上也是完全独立，大家各自有自己的圈子，有自己要忙的事，一学期下来她发现自己竟然连班上的同学都认不完。一旦没有课或者周末，大家都开始躁动，有的补觉，有的看电视打游戏……就是没有人学习，自己虽不是学霸，但是她也不想这样虚度年华，因此她总觉得与身边的人格格不入，刚上大学的那段时间她感觉自己很无助很孤独，每天就像失了主心骨的游魂四处乱晃，很多时候一天下来自己都不知道这一天究竟干了些什么，更别提明天的计划了。

然而，李欣儒不像其他学生，虽然自己对大学的适应期很长，但是自己很快就找到了自己的定位与目标，她坦言自己是一个适应期很长但是迷茫期较短的人。能够很快走出大学迷茫期都归功于平时她爱自我反省的好习惯，每当一天结束，李欣儒就会开始对一天进行总结，找出问题并不断反省自身，通过自我审视她发现可以不断调整自己的前进方向，渐渐地，她找到了出路，在黑暗中摸索出了最适合自己的那条路。而这条路就是考研，继续深造。经过一学期的摸索，李欣儒发现自己对所学专业比较感兴趣，综合考量自己的能力和性格，她认为自己应该继续学习行政管理专业相关的方向。因此，从大二开始，李欣儒就坚定了要考研的决心，并一直有目标地努力着，这也许就是她能够轻松考上四川大学的原因吧。但她说，所有一切看起来毫不费力的事，都是需要在背后做出巨大牺牲的。

说起母校，李欣儒最想表达的就是对锦城学院，对文传系的感谢。她始终记得“止于至善”的锦城校训，记得“博学于文，奋斗于传”的文传精神。从锦城毕业后，她深刻认识到文传系“培养泛媒体时代以写作为核心竞争力、以网络技术为重要辅助手段的技术性文科人才”理念的真正意图。在本科学习期间，文传系开设的各类计算机和写作课程让自己在各个一本院校毕业的本科生中脱颖而出，因此，学姐告诉我们，“我们不要妄自菲薄，文传系的学生出去各个都是有实力的。”

同学们眼中的学霸，但绝不是书呆子。李欣儒开玩笑地说，“自己也算是学院‘一体两翼’教育的践行者了。”大学本科期间，她加入了文传系学生会的学习部。当干事的那一年，她不怕苦和累，积极认真，她说学行政管理的就是要这样不怕做小事杂事。她凭着自己的实力和积极的态度毫无悬念地评选上学习部的部长。她说人生每个阶段，每段经历都是有意义的。不要轻易否定自己的每一次付出，总有一天它会以你意想不到的方式来回报你的。在学生会学习部的那些时光，大一当干事的时候，她学会了在所有事的起初，都要踏踏实实地干，积累经验和知识才能为日后的成功打下基础；大二当部长的时候，她懂得了责任，除了对自己还要对所有干事负责，自己所做的每一个决定都应该深思熟虑，应该站在领导者的高度，同时要换位思考。所有的决策都应该建立在有效的交流讨论之上，同时一个人的团队不可能成功，交流合作很重要。

谈起自己印象最深的一次活动，她说是有一次和班上的其他同学一起参加学校的英语风采大赛。“说起这段经历，我还记得当时我们是以团队的形式为电影配音。真的很有趣，也非常有意义。”她认为结果并不重要，重要的是过程让自己学到了很多知识。通过比赛，她感触最深的是团队合作的力量是无穷的，大家一心一意为共同的目标而努力，在备赛和比赛的全过程中形成一种默契，同时也收获了友谊，现在想来真的很珍贵，很有意义。

回忆起那个阶段，李欣儒似乎很欣慰，她缓缓地说：“在学生会工作的那两年，应该是非常充实的，它让我结交了很多新的朋友，在忙碌的工作中学习到了很多技能。最重要的是，对自己性格的磨合和抗压能力的提升。”除了学生会的工作，她也参加了一些其他的学生活动，比如系里的运动会等等，都是难忘的经历，是这一生珍贵的财富。所以，千万不要放弃任何一个可以锻炼自己的机会，只要你愿意去付出就一定会有收获的。

坚持不懈，迎难而上

考研是一场持久战，在那没有硝烟的战场上，所有人都拼尽全力只为听见胜利的号角声响起。考研那段时间李欣儒每天都是早上六点半起床，匆匆洗漱完之后便开始了一天的学习。单词背完之后，大约七点半就去吃早饭，这个点人也不多不用排队可以节约不少时间。吃完早饭便去图书馆复习，上午复习专业书。她一再强调一定要午休，她说自己曾尝试过中午不休息，结果真的就是中午不睡，下午崩溃。下午李欣儒一般复习英语，采取题海战术。晚上复习政治以及对专业课进行查漏补缺。“睡前再记一下单词，加深记忆并且有催眠的功效”，她偷偷地笑了笑。那段时光对于她来说真的太珍贵，分秒必争，好像每天都会觉得时间不够，也会在一天结束的时候感叹自己还不够努力。可是就是在这样的不断否定中，她一步一步前进着。

当问到考研时遇到的最大的困难是什么？她说和其他人一样。李欣儒在备考过程也曾几近崩溃，遇到过的最大困难是在后期复习时，那段时间她感到力不从心，复习到了瓶颈期。由于政治、英语和专业科目都需要复习很多遍，难免在临考前一两月时感到枯燥和烦闷，那时也是压力最大的时候，复习进度会受到影响。这段时间她也曾怀疑过，反复问自己这样做值不值得，自己真地能够坚持下去吗？看到身边考研的伙伴从当初的一群变成现在零星的几个，她甚至想过放弃。每当这个时候，她就会回头看看来时的路，这么艰辛的路自己已经走了大半如果就这么放弃，自己将来一定会后悔的。于是，她又会重新振作起来。“我当时是索性让自己先缓一缓，用一天时间补充好睡眠，听听音乐，调整好心态再继续奋战的。”

“最难忘的经历必然是考研复习的那一年里，和考研战友一起，每天的晨起晚归了。早上天蒙蒙亮就去图书馆占位置，直到晚上图书馆关门，伴着路灯回去休息。”每天晚上，随着图书馆的闭馆音乐响起，离开图书馆，站在图书馆的阶梯上俯视广严大道，感觉心净澄明。走在广严大道上，吹着微风，似乎一天的疲惫和委屈都消散了。晚上的广严大道没有什么人，偶尔有几对散步的情侣，但李欣儒从不觉得孤独，她知道自己心中装得满满的，理想在心中，心中就好像有全世界。“当时每天重复的节奏一样，却是毕生难忘。”是的，这样的时光也许不会再有，这样拼命努力的自己也许也很难看到了。

“我是一个很水的人。”李欣儒这样形容自己，她说自己性格属于积极乐观型的，比较随和好相处，但是对待事物都比较宽容，不要求最好，过得去就行。但是对于考研这件事，她没有丝毫松懈。她知道考研没有捷径，也不能说差不多就行。自己选择这条路已经牺牲了很多，就算爬着她也要通过。大三开始备考那年，临近实习，班上的课程已经不太多了。班上不考研不出国的同学半天上完课就回寝室睡觉，自己只能强忍着困意，拖着疲惫不堪的身体去图书馆继续温习。到了晚上，室友都在扎堆讨论去哪里吃饭，哪家的火锅店又开张，哪家的烤肉又搞活动……而自己只能假装不怎么感兴趣地摆摆手："你们去吧。"李欣儒常常想一个人要是真正经历过考研，以后的社会生活中种种诱惑应该都会更加容易抵挡吧。

毕业后时常会有学弟学妹向她取经，希望她传授一些"独门秘籍"，有没有什么捷径可走之类的。她总是微笑着摇摇头，如果你想要走捷径的话就不要考研，"我不是想打击他们，我想要他们真正意识到这是一条怎样的路，没有捷径，只有遍地丛生的荆棘。如果你有一个坚定的梦想并为之不懈地努力，你就会看到沿途的美丽风景。如果你只是随波逐流，一时兴起，你能看到的就只是一条没有尽头的崎岖路。"这些话虽然很痛很现实，却是真正的过来人应该给出的最真诚的建议。

听见花开的声音

当知道自己被川大录取的那一刻，她形容当时的心情就像是一盆悉心浇灌了许久的花终于盛放的喜悦。考研真地是挺辛苦的，有压力，有过困惑；有失败，有过堕落；有孤独，有过退缩。所幸，自己都坚持了下来，所有的艰难困苦在坚定的梦想面前都不堪一击。"学弟学妹也不要因此害怕，不要还没有开始就被别人的话吓退缩了。考研虽不易，但有志者事竟成。"李欣儒说，"我认为我现在之所以能在这里侃侃而谈，传授经验，都源于当初的坚持。专一很重要。"所谓"不一则不专，不专则不能。"

在锦城最大的收获应该是，明白了努力付出就会有收获，也懂得了做事需要认真专一的态度。他一直很感谢锦城的老师，说到对自己影响最大的一位老师，李欣儒毫不犹豫地说是教自己中国政治制度这门课的赵建伟老师。正是这门课，这位老师让自己对政治学产生了浓厚的兴趣。在考研过程中，赵老师也向她推荐了许多政治类的书籍，因此她知道了考研需要对专业知识有广泛的了解，需要不断扩充自己的阅读范围，而不能仅仅局限于考试指定书目。而赵老师在课堂上反复强调的“速度、泛读、精读”读书方法，也使她在阅读众多专业书籍时，懂得掌握方法，提高效率，这样才能在有限的备考时间内打好扎实的专业基础。

这种方法的优势在研究生阶段更加突出。本科和研究生阶段学习任务上的区别是很大的，本科学习重基础扎实，研究生学习重深入分析，需要提升自己的阅读量，有时候一门课程的团队报告需要几个人一起做一两个月才能做出来。因此对高效阅读的要求也更高，赵老师的方法让她在浩瀚的书海中自由徜徉却不会迷失方向。

李欣儒也时常后悔当初自己有好多课都没有认真钻研，现在想来都是巨大的损失，锦城的每一个老师都是很敬业负责的，许多老教授将毕生研究所得都倾囊相授。她也劝诫所有锦城学弟学妹，虽然说锦城是一所应用型大学，学校很重视实践能力的培养。可是学习仍旧是我们的最主要任务，应该好好珍惜时光，多看书，多充实自己。四年时光虽然看似漫长，其实过得很快，如果不认真学一点知识，不好好去体验一下青春，将来再也不会有这样的机会——犯错可以重来，所有的跌倒都是经验的积累，踏入社会就不一样了，很残酷也很现实。

锦城学院的课程比较多元化，实用性也较强。本科是行政管理专业，除了管理学、秘书实务等专业课，她也学习了新闻写作、PS、网站制作等课程。尤其是公文写作这门课程，从现在看来，这门课实用性非常大，她认为公文写作是行政管理专业实用的核心课程。李欣儒反复强调一定要重视每一门课，非专业课在某种程度上应该付出更多精力。

在锦城的时候，李欣儒也和其他同学一样，常常抱怨文传系的课程。明明是文科专业却偏偏要学一些计算机、逻辑学等课程，因此许多同学都没有重视。但是自己依旧没有放弃，李欣儒把这些课程当作增加自己专业以外技能的方式，每次上课她都会很认真。渐渐地，她发现这些技术型、理科性质的课程在一定程度上开拓了自己的视野，转变了她思考的方式，除了学习到了一些实用的网络编辑技能，自己的逻辑思维能力也得到了锻炼。毕业后周围的同学来自各个学校，她才发现大家的专业课水平都不相上下。自己的竞争优势竟然是本科阶段自己最不能理解的那些技术课，那些与文科生没有关系的课程。因此，李欣儒学姐鼓励大家要好好上课，重视那些看起来与专业不太相关的课，它有可能会是你将来的竞争优势。

作为应届毕业生，李欣儒正在积极找工作。相信经历过考研的人不会畏惧社会职场，只要那些曾经为梦想拼搏的执着精神还在，只要仍旧保持为理想不顾一切的心就会听见花开的声音，所有曾经历的苦难，忍受过的孤独都将成为胜利的勋章。

采访正值阳春三月，广严大道上的树枝开始抽芽，农场的油菜花也遍地金黄，一切都呈现无限生机。春天真的到了，此刻你因播种而流下的汗水，都是对来年金秋开的花最佳的滋养。

止于至善的考研者

——访华中师范大学硕士伍俊宇

执笔：2014 级汉语言文学专业邓慧琳

指导教师：姚茜

2010 级行政管理专业：伍俊宇

> 我所理解的止于至善是不做就不做，决定做了就要做到最好。
>
> ——伍俊宇

伍俊宇：四川大学锦城学院行政管理专业学生，在校期间担任班长、鑫政会务公司经理等职位。于 2012 年成功考入华中师范大学，就读国际关系专业，同时担任“桂子山国际问题研究会”宣传部部长、印度尼西亚研究中心助理等。

迷茫后的自我选择

伍俊宇现是华中师范大学研二的一名硕士研究生，对伍俊宇的采访始于一个下午，因为距离，笔者没有办法进行面对面的采访，还好有便利的网络和通信，采访才能顺利完成。曾老师给的基本联系方式，带着不确定的心情添加伍俊宇 QQ，担心他会很忙会等一段时间才能被同意，没想到很快就收到了通过添加的回复。伍俊宇是笔者的师兄，可能也是因为师兄的这一层身份，有一些共同认识的老师和一些大家都熟悉的环境，让采访变得自然许多。

采访一开始伍俊宇就说：“和现在的研究生生活比起来，我还是比较怀念过去上大学那段日子……”这让我好奇那是怎样的一段大学经历，才会令其念念不忘，在接下来的采访中伍俊宇解答了我的好奇。

有些大学经历，每一个刚刚踏进大学校园的学生都会遇到，伍俊宇也不例外。带着进校之前的雄心壮志，转而被散漫和迷茫取而代之。采访中伍俊宇回忆当时的情景说：“记得刚大一时，各种宣讲会，各种招新，令人眼花缭乱，什么都觉得好，什么都想尝试，但是自己却分身乏术，只能从中选一些来做……”在新环境中充满了机会与挑战，同时伴随而来的是深深的迷茫，完全不知道该做些什么，该怎么选。

选择太多容易让人迷惑，唯有清楚内心的人才能拨开迷雾看清方向，伍俊宇相比其他人的迷茫是短暂的，通过自我分析，清楚了自己的选择。他坚持认为要做的事情无非就两个方面：第一，学习；第二，参加学生活动。在学习上需要考取各种证书，学生活动包括学生会、社团和系上的模拟公司，开始同时选择了鑫政会务公司、电子杂志社和组织部。”

对于学习，伍俊宇认为每个人都会有偷懒的时候，包括他自己。他从来不认为自己是一个百分之百勤奋的人，偶尔依然会患懒毛病，但是身边的良师益友总会及时地给予善意的提醒和帮助。伍俊宇觉得在文学与传媒系的学习不是单一而乏味的，我们的系主任毛爷爷总会给我们一些惊喜，安排一些意料之外的惊喜课程，对于一个文科生能接触到网页制作、PS、VF 等软件学习，这无疑是令人兴奋的。“我技能的提升，多是源于那时候的课程，为我打开了一扇神奇的大门。大学空闲时间多，我就利用充分的时间去自学。”伍俊宇聊到软件学习有抑制不住的自豪感，这些技术在之后的工作中得到了充分的运用。

“我一直以来英语都不太好，刚开始特别担心英文成为我的障碍。在这里我要特别感谢以前副系主任黄学彬教授，正是因为他的帮助，我与三位好友在大一的时候组建了英语 4 人学习小组，每天早上找地方背英语单词，晚上有时间也在一起自习。大二的上学期，我终于攻克了英语四级的难关。或许是英语学习带来的信心，让我对学习充满了新的自信，坚信只要自己足够努力，结果必定不会太差。”伍俊宇认为这段学习的经历，应该算是他最后决定考研的契机之一。

伍俊宇对计算机感兴趣，大二下学期报了计算机二级。伍俊宇说：“有时候会怀疑自己选错了专业，我对计算机有一种天生的敏感度。那段时间自己更是着魔一样，天天没事就在电脑上瞎弄，有时候我甚至可以在电脑上摆弄一整天。可能是因为对计算机的兴趣，轻松的通过计算机二级考试，获得证书。”

就像毛笔需要笔架一样，四年大学生活，少不了朋友之间的相互扶持，志同道合的朋友不仅能够在生活中相互关照，更能在学习中相互勉励。“整个大学四年，我、董佳妮、范礼根、刁勇、刘琳期末考试经常在办公室通宵复习，还一起报考计算机、文秘资格证书……我觉得有几个一起玩、一起学习的同学是很重要的。”伍俊宇现在说起来都还抑制不住兴奋，一群朋友在彼此奋斗的大学时光中留下了美丽身影，至今清晰动人。

学生活动中的成长

伍俊宇明白，大学期间，学习重要，社交也是必备的。大一伍俊宇为锻炼自己的社交能力与鑫政会务公司结下不解之缘，在鑫政会务公司一待就是三年。鑫政会务公司是属于文传系众多校内实训平台之一，那时还只是叫作学生模拟公司，也不像现在对学生的全覆盖，更像由学生自发组织和管理的一个学生组织。

“在鑫政学到了很多对我之后人生有重要影响的东西，团队合作和不认输应该是最大的收获。如果问我大学哪些日子最值得怀念，我觉得应该是在鑫政跟小伙伴们一起努力去完成一场又一场会务的时光。”伍俊宇在谈起鑫政，回忆也涌上脑海，不断地叙述着自己在鑫政的经历。大三不再管理鑫政具体事务，去听讲座偶尔看见鑫政有疏漏的地方，依然会忍不住去指点，可能这也是系上一直提倡的责任与传承。

“很想念那个时候一群人一起做一件事，很累但很开心，学会了如何跟人相处。鑫政每做一次活动都需要做策划书，这让我养成凡事先做好计划和预案，以前我是不会这样做的。对于做计划和预案的习惯，在考研过程中帮了我很多，复习的科目多，参考书都必须看完，复习的时间又是有限的，如何在有限的时间内看完规定的内容，详细的复习计划帮到了我。”伍俊宇很感恩在鑫政的磨炼，才让他在日后的学习工作中学会了凡事先定计划，虽然计划赶不上变化，有计划地进行某一件事情远胜于毫无计划地乱做。

鑫政带给他很多宝贵的东西，让他有机会接触更多的人和事。从陌生到熟悉，从不适应到适应，从一个人到一个团队，这个过程令他收获良多。他说："有些时候工作说来就来，也就需要自己快速反应，不管多急，都只有一点不能忘记——一定要把工作做好。"

伍俊宇大一同时加入了鑫政会务公司、电子杂志、学生会组织部，在大一结束，伍俊宇放弃其他两个平台，留在鑫政会务，一待就是三年。伍俊宇接手鑫政会务的时候，虽已有了一些制度规定，多数是以口头形式为主，伍俊宇大三，结合前面两年的实际管理经验和所学的专业知识，参考网上相关案例撰写了一份详细的公司管理规章制度，并设置了一个模拟公司的上级部门，据了解现在的管理制度是在他的基础上修改和完善的。

在鑫政的工作中，伍俊宇不仅在工作中变得更加自信，对于工作的把控能力也得到了锻炼，更是在人际交往方面有着质的改变。选择了一个平台，带领了一群人，做了一件工作，认识了一伙朋友，伍俊宇的鑫政生活是充满希望的。如今，鑫政已经是文传系实训平台中的佼佼者。也正是有伍俊宇这样的前辈的奠定，才有了现在鑫政的发展。

选择考研后的奋斗

面临就业与考研深造的选择，伍俊宇选择考研。考研是一件非常艰苦的事，需要的不仅是毅力，还有坚持。很多考研者觉得考研比高考更痛苦，没有老师的监督，没有同学一起复习。面对堆积如山的复习资料，需要耐得住寂寞，在图书馆一遍又一遍刷试题。比起复习的强度，外界的影响更大，会担心付出的努力在一瞬间化为乌有，看着身边不考研的同学都在实习工作，也许别人已经从实习生变成了正式员工。

伍俊宇告诉笔者考研主要是出于三个方面的考虑：第一，大学所学的行政管理专业并不是他真正的兴趣；第二，海燕老师对他影响很大，国际关系就是海燕老师在大二的时候建议他考的，当决定要考研就毅然决定读这个专业；第三，希望通过考研能让自己有一个更高的起点，一个更大的平台。

刚决定考研时，伍俊宇也和很多人一样有过纠结，应该怎样选学校，该如何选专业，专业和就业的关系等都要考虑。选择国际关系专业的理由很简单，伍俊宇说："我的志向是当兵，毕业当兵显然不现实。所以退而求其次选择国际关系专业，应该算一个不错的替代。"在采访中伍俊宇多次提到对计算机的热爱，笔者以为伍俊宇会选择跨专业考研，会考计算机相关专业，最后他选择了众多爱好之最。

伍俊宇所说："在选择考研专业时，要知道自己需要什么，自己喜欢什么。自己喜欢的东西，才会有十分热情。"

伍俊宇觉得再完美的考研计划，在漫长的复习中难免会开小差，这个过程充满了艰辛。伍俊宇说："现在回想起来觉得考研还是充满艰辛的。考研复习时同学们都去实习了，我自己一个人在寝室住了差不多一年，记忆最深刻的是每天坐一个半小时到两个小时的公交去红瓦寺上英语课，晚上八点半下课，又赶着去坐最后一班公交车回学校。现在想起来还是很辛苦，但是那个时候也没有觉得，复习也没有太多精力去想别的。"

除了每天外出上英语课，对于伍俊宇而言，最痛苦的是早上起不了床，晚上睡不着，因为其他人都去实习了，干什么都是自己一个人，又习惯不去图书馆，所以后来就干脆睡够了再起床，晚上睡不着就看书，到了复习的后半段，基本上是早上十一点左右起床，然后吃个午饭，去楼下水吧，或者在寝室复习，然后吃完晚饭继续复习到凌晨两三点钟上床睡觉。

每天的高强度复习，无论是对身体还是心理都是一种折磨。"暑假正复习的时候，一天早上接到家里电话，说外婆去世了，而我却没有见到外婆最后一面。"这是伍俊宇心里一直挥不去的伤痕，外婆去世也是对他复习影响最大的。伍俊宇面对纠结和怀疑时，选择告诉自己："无论是考上了还是没有考上，至少我经历了，都会有不同的收获。”

在考研过程中必然会遇到各种困难，伍俊宇认为这些困难也是一种收获。在考研的过程中除了自己的努力，还有一群人为他默默地付出与帮助，他们是系上的老师和学长学姐。伍俊宇说自己很幸运，能够到文学与传媒系，也只有我们系才有考研指导，从最初的专业、学校选择，到后面的复习心理疏导，到在后面的复试与调剂指导，整个过程系上的老师可以说是尽心尽力在帮助我们。系上为了给我们解决考研英语的难题，还专门为我们开设了考研英语的课程，上课的老师有丰富的经验。我们有一个考研群，从 05 级开始，所有考上的研究生都在群里，任何疑问都能在这个群里得到解答，考上的学长学姐还会在里面分享一些复习资料和考研经验，特别好的一种传承。

止于至善

有过多少努力，就会有多少收获。这句话在伍俊宇身上得到了体现，成绩出来后，伍俊宇顺利上了华中师范大学的国际关系专业。“在复试时还有一段小插曲，伍俊宇把自己的毕业文集也带进了复试场，参与复试的老师都特别感兴趣，与伍俊宇相谈甚欢。”文传系的曾瑜老师向记者提到了这样一件趣事。

可以说是一本毕业文集让伍俊宇搞定了研究生面试，聊起毕业文集，伍俊宇也是特别感谢文传系有毕业文集的规定，大学四年写四十篇文章，自己排版，自己导入自己的文章，拿到属于自己的一本文集。不仅是找工作考研的利器，多年之后，也是一份珍贵的回忆。

正如开篇伍俊宇所说的一样，“止于至善”便是不做就不做，决定做了就要做到最好。伍俊宇在读研期间也不忘时刻提醒自己，研究生学习课很少，多是课下学习，学校图书馆数据库丰富的资料为让课后学习提供无限便利。

现在研二的伍俊宇，再次面临大学毕业时的选择，相比本科毕业走上工作岗位的同学，自己少了几年工作经验。但是在伍俊宇看来，对自己而言考研是正确的选择，读研期间所学所见，是本科不能比的。

伍俊宇认为，本科在锦城学院所学的知识是应用型，教会他怎么做事；研究生接受的是理论学习，在知道如何做的基础上明白为什么这样去做，可能也是毛爷爷常说的道与术的关系。“对锦城是有一种无法割舍的情感。锦城四年，是我学习生涯中的最美时光，做了自己所感兴趣的事，交了一群一辈子的朋友，和系上的老师称兄道弟，一起研究问题。可以随时去毛爷爷办公室找他老人家聊天，谈人生，谈未来。”

采访结束时，笔者问伍俊宇对学弟学妹有何寄语，伍俊宇谦虚地说：“我觉得，我自己没有到能给人指导的水平，因为我觉得我一直都不是认真学习的类型，每次都是赶着时间逼着自己。还是那句话不做就不做，决定做了就要做到最好。”

考研是漫漫人生路中一小段，这路途中定会有曲折，会有不如意，但正是那经历才会推动你不断向前。既然决定考研，就做好计划，保持绝对的热情，努力向前冲，只有付出才会有收获。最后伍俊宇也希望现在的学弟学妹们能好好地珍惜锦城时光，享受现在，计划未来。

厚积薄发　岁月宏欢

——访四川省社会科学院硕士魏宏欢

执笔：2014级汉语国际教育专业胡育凡

指导教师：靳丹

2010级汉语言文学专业：魏宏欢

采访对象简介：魏宏欢，四川大学锦城学院2010级汉语言文学专业毕业生，现就读于四川省社会科学院文艺学专业，并在四川省民间文艺家协会实习。本科期间，连获两学年学院奖学金，参与四川省民间文艺家协会横向课题《四川省民间百家工艺制作流程》子课题，其调研报告《论羌绣的保护、传承与发展》荣获锦城文学与传媒系科研一等奖。研究生学习第一学年，参与四川省社会科学院学术新苗课题《四川网络小说研究》，参与筹备四川省民间文艺家协会“看四川——民间文艺创作工程优秀作品暨入围作品展”与数次民族民间文艺田野调查。参与撰写出版物有：《四川省民间百家工艺制作流程》《视觉成都》《看四川——民间文艺创作工程优秀作品暨入围作品》。

文传系主任杨骊老师在课堂上，总会在不经意间提到10级汉语言文学专业的师姐魏宏欢，“她并不是一个非常出众的女孩，但是她靠着自己的踏实努力走出了自己的路，可以说很励志，是可以给其他更多的平凡女孩提供借鉴的。她是慢慢地充实自己，像海绵一样慢慢吸纳，然后慢慢地发出光芒。天才的路其实对于很多平凡人是没有可借鉴性的，因为你不具备那样的天分。那么一个平凡人的成功就比较有意义了，她可以告诉其他更多的平凡女孩子，只要努力踏实，你也可以！”

笔者与她有过三次面缘，第一次是“锦城10周年校庆·优秀校友分享大会”，她分享了本科在校间的学习与考研经验；第二次是四川省民间文艺家协会在四川省美术馆举办的“看四川·民间文艺创作工程优秀作品暨入围作品展”，她负责展览作品收集与展区布置相关事宜；第三次便是对考研成功师兄师姐的人物访谈。在这次面对面地深入交流中，就读于四川省社会科学院文艺学的魏宏欢，并非笔者预期中的“自来熟”，而是文静内敛、平静如水。

厚积沉潜在锦城

在大多数人看来，汉语言文学专业是一个“文青”专业，每日活在书本里，于现实无忧，于就业无益。当初，魏宏欢虽然对文学有着一腔热情，但是初入锦城文传时，也曾因为家人建议选择金融/会计专业以方便未来就业而踌躇不定过。随着在锦城文传学习的累积，她特别庆幸自己坚持选择文传汉语言文学专业这一决定。她认为，初入大学校园，我们大多数人都会因为就业问题而过度关注理工科专业，直接忽视了自己的喜好。知识和技术是可以通过学习逐渐掌握的，人生不应当被“生活”围困，挖掘和发展自己的兴趣与灵性是漫漫人生路最重要的。何况，文传系在毛爷爷的带领下历来重视学生的人文情怀、知识储备与实践技能，尤其倡导“在泛媒体时代，培养以写作为核心竞争力，互联网为辅助手段的文科性技术人才”的人才培养理念，因此，无论是政务体系还是私营企业，汉语言文学专业学生一直保持着高就业率。越是因现实而犹豫自己的选择，越要明确心中所好，有兴趣才会有动力，继而才有坚持。蔡郎与老师在新生大一的第一堂课上提到的一段话，至今仍令她记忆犹新，“高考的分数只代表你过去的学习状态与收获，大学是一个全新的开始，好好把握当下……专业学习方向的确定对你们而言不是绝对的，大学的自由学习时间很充裕，有时间多去听听其他专业课，因为广博的学习会为你带来更宽阔的视野，也会培养更全面的能力。”

在锦城文传学习的感受，她用一句诗概括为“谈笑有鸿儒，往来无白丁”（刘禹锡《陋室铭》），文传老师各身怀其才，四年学习受益匪浅。博古通今如杨骊老师，才气逼人如邱晓林老师，魅力吸人如朱亚铮老师，勤勉认真如蔡郎与老师，博识多闻如马秋穗老师，严谨负责如秦蓁老师……

只要提到学习，她的脸上充满了对学术的热情。她说，她并不聪慧，大学之前文学素养积累也缺乏，但是“天行健，君子以自强不息”（《周易·卦辞》），通过不断学习，发现自己的责任与使命，发现他人的优点，建立并践行自己的价值观，终将成器。坚持不懈地付出，即便像蜗牛一样每次前进一小步，每天也都处在收获中，也是享受的。

考研是一场“通过仪式”

有人说，考研是继高考之后的又一个分岔口，然而一入考研深似海，不少人拼尽全力还是名落孙山，以至于许多人对考研既向往又倍感迷茫。成功上岸的她笑谈道：“一场考试，并不会对你的未来一锤定音。正如高考结果不如意的我，机缘之下来到锦城文传生活、学习四年，如今虽已离开母校，但心中对文传充满无尽的感激，因为文传让我思考：我是谁，我想要成为怎样的人，我将要去往何方，并为到达远方而不懈努力。于参加考研的同学而言，这场考试就是人生其中一场‘通过仪式’。于毕业直接就业的同学而言，只是跃过这场‘通过仪式’投身到社会的考验中。”

对于有志愿考研的师弟师妹们，她建议：首先，明确自己的考研目的。参加研究生选拔考试的人大概有两种，一为工作就业考研，一为更专业、系统地学习而考研。不同的目的，在选择专业和学校上会有很大的不同。她以自己为例，因为对文艺学的喜好，所以提前确定好专业，然后搜集有文艺学硕士点的学校信息。她的目标并没有设在北大、华东师大、复旦、川大等名校，而是直接锁定四川省社会科学院。据她介绍，她的英语并不好，专业放在当年考研大部队里也不拔尖，即使幸运冲进名校初试，也极难通过复试，所以她把目光放在了四川省社会科学院，并在考前搜集、阅读每位导师的学术成果，明晰所报考学校与导师的学术资历。其次，明确报考学校与专业后，早早规划复习，尽快进入复习状态。英语是最大的坎，特别是英语欠佳的同学，可以报考有关培训班。政治与专业复习参考书目繁多，一定要进行专题梳理，搭建知识框架。她诚恳地提到，专业课复习最好带着问题阅览参考书目找答案，因为有了问题意识后，才会去溯源，才能更好地领悟。在充足的复习时间里，不要固定复习报考学校的参考书目，尝试阅读不同版本的文学理论书籍，看不同学者对同一理论的梳理，会帮助复习打开视野。学习是日积月累的过程，把复习变成每天的日常后，只会沉浸其中并享受这段特别的时光。

提到落榜，她说，“用功的人不止你一人，所以即使落榜，也没什么大不了，重新再努力过就好。不要认为失败的结果就是一年复习的答案，每一件事都有它的意义，即使当下未能显现，在岁月的沉淀里，总会在某个时刻给你惊喜出现。”她参加过两次研究生考试，第一次因为英语单科未过线而落榜。因为第一次复习得认真与专注，毕业后一边工作一边准备二战的她，才有自信分配给英语单科更多的复习时间。中国有句老话，好事多磨，如今看来，失败和坎坷本身也是机会。最后，师姐建议师弟师妹们，大学的节奏没有那么紧张，有时间好好地看几本书，对于自己感兴趣的部分，可以试着写一下论文，即使不能发表，也是一个阶段自己的思考结果。

岁月沉淀有宏欢

机会永远是留给有准备的人的，因为在大学积累的经验与培养的能力，让她在四川省民间文艺家协会实习中，多次参与我省民族民间文艺的考察活动，并在研究室一年级参与四川省社会科学院学术新苗课题《四川网络小说研究》。

从锦城本科毕业，到升上研究生，并参与社会工作。现在的学习、生活状态完全符合大学生时期她对未来的期待。她这样评价自己，与大学那时的她相比，没有什么太大变化，唯一的区别就是与大学相比，现在多读了几本书，多看了一些学者学术论文，多跑了几次田野，认识了更多志同道合的朋友。她十分感激锦城文传对她的哺育。在她看来，无论身处何地，她都不是孤身作战，在学习上有同学，做课题上有队友，考研有指导老师与研友，即使投身四川省民间文艺家协会实习，依旧有文传民俗学老师们助力前行。

当下社会对女博士有很多偏见，有人认为女生学历太高会“不合群”，以至于不少女生对考博望而却步。她说，她会去听各种声音，但是她只会按照内心声音去做，正如考研是为了能够得到老师的指点，更加专业、系统地学习，未来考博也是如此。本科阶段和研究生阶段最大的不同在于，随着年龄的增长，会更有想法，更有意识地培养自己学习和解决问题的能力。

结语

魏宏欢这个名字，有的人总会觉得是一个男生。宏欢师姐说，家人取此名只是盼她一生能有很多的欢乐，其他“应无所住而生其心”（《金刚经》），也就是，不要执著眼前的念头，让它来者自来，去者便去。感激默默支持她的父母，因为他们的爱与包容，她才能够无忧地热爱生活，纵情学习。在未来，她将一如往昔，不忘初心，读好诗书，寒暑不辞。

她由衷地感谢母校的贴心，让她有机会回忆自己努力拼搏的珍惜岁月。感恩锦城，感恩文传。

悠悠历史　以梦作诗

——访四川大学硕士姜思旭

执笔：2013 级行政管理专业魏周思宇

指导教师：曾瑜

2010 级对外汉语专业：姜思旭

她只是四川大学历史文化学院一名普通的研究生；她又是拥有梦想，并为之奋勇拼搏的追梦者；她更是我们文学与传媒系莘莘学子学习的榜样。在她的身上，我们看到了坚持不懈，看到了脚踏实地，看到了逆流而上……她，就是 2010 级对外汉语专业的姜思旭。让我们试着走近这个靠着内心的热爱、锲而不舍的追梦女孩。

文传四载感恩四载

2010年9月姜思旭背起行囊，离开父母，告别故乡来到了四川大学锦城学院。刚到一个陌生的环境，她特别不适应，感觉无所适从。但是在系主任毛建华以及各位老师的关心下，让她渐渐发现文传系就像一个温馨的大家庭，而系主任毛建华以及各位老师就像是和蔼可亲的家长，不仅在学习上给予悉心教导，更在生活中无微不至地关心着学生。让许多远离亲人，没有生活经验的外地学生一点都不觉得陌生，只会感到亲切。在这种开心、快乐的求学氛围中，姜思旭很快就融入了校园环境。那四年的校园学习生活如一本精美的画册，让她铭记于心。对于文传系，姜思旭师姐的心中充满了感恩，感谢文传系，感谢所有的老师，造就了今天的她。

文传系的老师亦师亦友，尤其是杨骊老师，更是对她在考研求学路上有着深远的影响。她说："杨骊老师是我本科论文的指导老师，她在学术上的执着追求和做事的认真严谨，不仅令人佩服，更影响着我。在毕业论文的时候她对细节的要求那么严格，让当时的我并不理解。但是当我自己读研之后，发现这些细节都是至关重要的。因为读研究生后是没有老师会这样详细地告诉你细节该怎幺做，没有老师会这样手把手地教你。所以当时的不理解现在全变成了感恩。不论是以后工作还是做学术，对我来说都是一笔珍贵的财富。做人就应该踏踏实实，不能投机取巧。这些其实都是杨骊老师平时经常强调的，我自己也会努力这样做下去。"在杨骊老师身上学到的脚踏实地、一丝不苟，对她的考研乃至今后的人生都有着至关重要的意义。

"授之以鱼，不如授之予渔"。文学与传媒系一直秉承着学校"止于至善"的校训和培养适应社会需求的创新型，应用型人才的办学理念，非常注重培养学子自主学习、思考的能力。《中国民俗》作为文传系面向全院开放的精品课程，是一门以中国民间风俗习惯为研究对象的人文科学，意在探讨民俗事象形成、演变规律以及在当代的表现形式、在生活中的广泛运用。姜思旭学姐正是在这门课程中，找到了一直以来的兴趣和梦想。在这门课程中，她学到了民俗学的基本理论；了解到了中国民俗的形成与现状；熟悉了民俗的基本类型，发现了这些民俗事象背后的文化积淀；并且和同伴通过一定的调查实践，学习有关“田野作业”的方法，从而提高学生民俗文化的基本素养，加深学生对中国历史文化和基本国情的认识，增强学生的民族自信心和自豪感。在文学与传媒系以“做人第一，能力至上”的理念教育下，在系主任毛建华的引导下，姜思旭将从杨俪老师身上学到的学术研究态度运用到实践中，自主探索成都漆器的历史文化，并取得如此优异的成绩，这真是“博观而约取，厚积而薄发”。

挥汗文传青春无悔

从小姜思旭就特别喜欢历史，喜欢那些被泥土所层封的遥远的历史文物。为了实现自己的愿望她选择了考研，誓要完成自己儿时的梦想。大二的时候，学校开设了一门由四川大学的王煜老师所教授的选修课叫《考古学通论》。虽然姜思旭并没有选择这门课，但是她总会抽出宝贵的时间去旁听，一节课都没有落下。再加上她特别喜欢在休息时间看关于考古方面的书籍。那一本本厚实的书，那一个个精彩的故事，唤醒了她内心深处的考古梦，更加坚定了她去实现这个梦想的决心。

作为一位对外汉语专业的学生，跨专业考研的困难度不言而喻。可是这能阻挡住一个追梦人的脚步吗？当然不能！最美丽的时刻总是在破茧成蝶的那一瞬间。当成为那自由翱翔的梦蝶，以前所受的种种困难都只是为了证明努力才会取得成功。子曰："三人行必有我师焉"。当姜思旭下定决心要以实力进入四川大学的考古专业时，便虚心向锦城学院里有经验的学长学姐请教，得到了不少帮助和鼓励。幸运的是她找到了已经在川大考古学读研的黄琦学姐。黄琦学姐以自己的亲身经历解答了她所有学习上的疑问，从专业准备到考试时需要注意的事项都一一详说，并用语言鼓励她，宽慰她，大大增强了姜思旭跨专业考研的信心。在准备考研的过程中，还有一个人是至关重要的，那就是教授《考古学通论》的王煜老师。王老师给了姜思旭一本四川大学的考研参考书目，让她先回去根据这些参考书目看书学习，并耐心地解答她提出的所有疑问。通过王老师，姜思旭还结识了很多四川大学考古专业的学长学姐，也得到了这些学长学姐的热心帮助。她的专业性问题可以和学长学姐们一起讨论，可以和学长学姐一起去听专业课，学到了很多考古学的专业知识。"因为咱们学校涉及考古学方面资源比较缺乏，而且考古这个领域还是很排外的，所以学习的资源很重要。如果单靠我一个人，是不可能接触到这么直接的资源。我很幸运也很感恩能遇到这么多帮助我的人"。当时所得到的帮助，为姜思旭的考研之路扫平了一些障碍。而姜思旭也用自己的所有精力取得成功来作为回报。

两次考研，不仅没有放弃，反而越挫越勇，最终她靠自己的实力考进了四川大学历史文化学院。谈到考研成功的关键因素，姜思旭直言道：自己的坚持与努力是考研成功的最关键因素，外部因素再强，自己不努力不坚定，还是很难成功的。考研对于大学生来说，无疑是一次全身心投入的苦战。在第一年考研时，由于英语成绩偏低，让姜思旭与自己的目标学校失之交臂。考研失利并没有让姜思旭放弃，反而激发了她对实现内心考古梦的渴望。姜思旭毅然留在锦城学院，沉下心来为第二次考研备战。

姜思旭回忆起两次不同的备考经历："第一年考研学习的时候，大家还是比较紧张的，基本上都是各学各的，通过自己的摸索找到适合自己学习方法。加上那个时候我去川大学习的时间比较多，跟身边的同学接触不多，我常常一个人坐，所以跟一起备考的同学们交流很少。但是第二年考研的时候，我的心态跟初次复习的时候有所不同了。由于专业课成绩不错，我抓住自己的弱势，把复习重点调整到了英语学习上。有了学习目标，我跟同学借了图书馆的卡，留在锦城学院的图书馆学习英语，打算重复上一年的自学模式。这个时候，我认识了一些11级的学妹，每个人都很努力。由于我们有一个共同的目标，因此大家经常在一起背书、交流学习方法等。大家以小组学习的方式共同进步，这比一个人自己学习更有动力，和第一年的复习模式完全不同。

一开始大家都不认识，但是每天早上姜思旭去图书馆的时候，远远的就能听见学妹们在广严大道上、苹果湖周围背书的声音。后来姜思旭跟她们熟识之后，都会跟学妹们一起在广严大道的路灯下一起背书。姜思旭说自己是一个在寝室里待不住的人，为了能更好地进入学习状态，她不去图书馆的空闲时间里就跑去楼下操场、学校篮球场、杏岛附近的青年公园看书、背书。12月份已经进入深冬季节，姜思旭和学妹们每天晚上还是在路灯下面背书，有时候天气太冷受不了，她们就去C教一楼的走廊里接着背。姜思旭每每回忆起那个冬天，脑海里都是深夜里路灯花白色的光线和各种此起彼伏背书声音在广严大道上久久回荡的情景。

考研不仅仅是对学习素质的要求，也是对身体素质的考验。姜思旭积极锻炼身体、保持健康的饮食规律，使自己有强健的身体来抵御寒冷。她每天早晚都把自己裹得严严实实，结果由于长期在外面背书，耳朵没有防御住寒风袭来，竟然长出了冻疮。她笑称："真是哪里都护住了，唯独忘了耳朵"。在学习的过程中，学妹们也会向她咨询一些复习方法，她都会和她们分享，大家经常在一起学习，有困难也会相互帮助，那个时候感情特别好，当时和姜思旭一起背书的小伙伴们最后都考上了研究生。她坦言，非常怀念那段“革命友谊”的复习时光。

“宝剑锋从磨砺出，梅花香自苦寒来”。两年艰苦的备考过程，带给姜思旭的积淀，让她在困难中从不停止，勇攀高峰。要让青春无悔，就要有面对狂风暴雨的准备。只有在经历过狂风暴雨后，才会有“不畏浮云遮望眼，只缘身在最高层”的骄傲；才会有“长风破浪会有时，直挂云帆济沧海”的信心。

情系文传不忘初衷

姜思旭以优异的成绩成功考入四川大学历史文化学院，从此开启了她的梦想旅途。四川大学的研究生生活节奏很快，姜思旭常常觉得时间不够用，但她对于这种生活很是享受。她说，读研有两种模式，一种是你什么事情都没干就毕业了，第二种是每天过得像考研一样。其实我更喜欢第二种，自己读研的目的就是为了学习自己喜欢的东西。俗话说：“天将降大任于斯人也，必先苦其心志，劳其筋骨，饿其体肤，空乏其身，行拂乱其所为。”姜思旭说：“考古学本来就是一门需要静下心来刻苦钻研的学问，所以看书是必不可少的。”第一学期，姜思旭每天除了日常上课，其余时间就是待在资料室自己看书学习。她学习大量的书本知识，积累前人珍贵的经验，为自己正式投入考古工作做好充分的准备。第二学期，姜思旭开始跟导师出去实践，到考古现场进行发掘，进行学习。姜思旭靠着自己的坚持不懈，终于过上了自己梦想的生活。

读万卷书，行万里路。她说现在真正去到考古现场的时候，会发现很多东西跟书上所写的存在很大差距。但是这些差距对她来说非常有趣，她终于梦寐以求地摸到了泥土下所层封的历史秘密。自此她在学术研究和考古实践生活中乐此不疲。在谈到她目前的生活，姜思旭却惋惜地说自己的腿耽误了实现梦想的脚步，原来她的膝盖软组织受伤了。由于太渴望实践生活，她顾不上自己的腿伤，在没有完全痊愈的情况下就再去考古现场，而考古工地上条件又那么恶劣，导致姜思旭膝盖软组织伤情加剧。也许这就是梦想魅力之所在吧，没有人能够抵抗梦想的魅力，没有人能拒绝自己内心的渴望。哪怕是身体条件有限，也仍然坚持去追寻梦想的所在。

考研复习是一个比较艰难的阶段，因为一方面这是一个打持久战的过程，另一方面这又是一个锻炼自己毅力和心态的过程。作为考研的过来人，姜思旭鼓励在读的学弟学妹们一定要坚定自己的梦想，不要为外界的干扰而动摇，详细制定学习计划，多向老师和报考学校的学长交流，以他人的事迹，鼓励自身。同时还要保持一种积极乐观的心态，不要给自己太大的压力。应当要多学古人“悬梁刺股”的决心，“凿壁偷光”的努力，更要学习“愚公移山”的坚持，这样才能完成自己的梦想。

梦想是美好的，但前进的道路是曲折的，无数人在这条道路上放弃了。其实梦想就是自己给自己定的一个大目标，坚持了，熬过了，梦想就实现了；一个实现梦想的人，就是一个成功的人。姜思旭从小到大的“考古梦”，无疑在很多人的眼里是不现实的，也有很多人放弃这条路的，但是她给自己定下了这个目标，二次参加考研。“沉舟侧畔千帆过，病树前头万木春”。她坚持下来，熬过了七百三十多个清晨和深夜，靠自己的实力成功跨专业考研，实现了看似“遥不可及”的梦想。但这还只是一个开始，她还在继续。因为内心的梦想，怀着这份单纯的向往，她要坚定地走下去。人生就像在惊涛骇浪中努力进取的小舟，而梦想就是小舟的方向舵。只要梦想一直在，我们就永远不会迷失方向，迷失自己。这就是姜思旭的故事，一个平凡而又执着的故事！

考研是一张去悉尼的机票

——访悉尼大学硕士杨若兰

执笔：2014 级行政管理专业彭梵

指导教师：王大江

2010 级对外汉语专业：杨若兰

考研是一张去远方的机票，它让我们飞向更广阔的蓝天；考研是一张去悉尼的机票，它让我们去接近大洋的彼岸，去感受、去触摸，那个曾经以为很遥远的梦想。

——题记

关于考研与就业问题，无论是对社会、高校还是大学生个体来说，都是一个沉重而又无法回避的话题。一方面，自 1978 年恢复研究生入学考试以来，“考研”逐渐成为社会上的一个焦点，特别是“十五”以来，考研人数逐年递增，今后一段时期间考研热将持续“高温”。本科生就业压力的日趋增大以及用人单位对高学历的看好，是考研不断升温的直接原因。另外一方面，多年来研究生培养规模不断扩大，但培养质量却有所下降，用人单位也开始理性看待高学历，造成研究生的就业率不尽如人意。在各种机制倒逼下，本科毕业生也开始理性报读研究生。在这种大的前提与背景下，杨若兰学姐毅然选择了出国继续深造，攻读悉尼大学的商业硕士。在不断增加自己就业砝码的同时，继续在知识的高峰上攀登，不断完善自己，超越自己。

别样的大学生活

在跟学姐交流的过程中，学姐回忆起在锦城的学习生活时光，话语间都是怀念与不舍。2010 年 9 月，她来到了锦城学院就读文传系国际汉语教育专业。迈进大学校园，她有过激动、憧憬，迫不及待想开始一段属于自己的新的人生旅程。在锦城的四年时间里，杨若兰学姐积极参加系上的各种活动，她加入了系上的汉语国际推广公司，通过这个平台，得到了最真实的社会体验，学到很多实用的技术。文传系培养泛媒体时代，以写作为核心竞争力，以网络技术为主要辅助手段的技术型文科人才的办学理念，在实训平台里得到了充分的体现。学姐说，在这个实训平台里学到了很多，特别是技术上的东西，如网页设计排版，电子杂志的制作，以及熟悉各种与之相关的软件等，这都为后面的成功打下了坚实的基础。学姐的专业是国际汉语教育，在这个平台的帮助下，无论是英语水平还是自身的能力上都得到了很大的提高。学姐还回忆起锦城学院特有的“农场劳动课”，在图书馆旁边有一片大的菜园子，里面会种上各种的蔬菜，油菜花开的时候一片金，黄美不胜收。

这是学校为了锻炼我们的动手能力特别设计的一门课程。学姐讲到这些有趣的故事时总是会感叹，好想再回到大学的那段美好时光。

在经历了大学两年多的比较自由和快乐的生活后，学姐在大三的时候找到了自己未来的方向。在大三的下学期，杨若兰学姐就决定好了要参加考研，而且是想出国读研究生。一来可以让自己在学术上继续深造，二来能去国外看看，看看外面的世界，增长自己的阅历，开拓自己的眼界。

付出越多，回报也越多

学姐跟我聊到了考研，学姐问我想不想考研。我说我英语不好，不太想考研。学姐说如果拿出高三的一半拼劲，考研的成功率还是挺高的，关键是要能吃苦。学姐还告诉我，说考研不辛苦都是骗人的。

学姐在悉尼大学攻读的是 Master of Commerce（商业硕士），商业硕士在悉尼大学可以说是最热门的专业之一，有着 80 年的悠久历史，在国际上都享有盛誉。但报考这个专业必须满足两个条件，雅思总分 7 分，并且单科不能少于 6 分；TOEFL 分数要求 90.0，TOEFL 单科要求 20 ~ 22。而学姐在四川大学锦城学院就读的是国际汉语教育的专业，跨专业就读难度不小。我问学姐：当初为什么选择跨专业，跨专业压力肯定会很大。学姐告诉我，兴趣是最好的老师，在大三的时候她就对商科比较感兴趣，在那个时候就决定了考研方向。当然光凭一时冲动和单纯的兴趣是不可能成功的，向着既定目标持久坚守才是成功的基石。首先有兴趣才能去钻研，才能克服得了学习过程中的种种苦难。但在兴趣之外也需要专业性的指导和帮助才能更好地学习。如果说兴趣决定了你某个专业领域的关注度，那么专业性的学习就决定了你在这个领域所能取得的实际成绩。辛苦和成绩是呈正比的，付出得越多，回报也就会越多。

回想起那段考研的“难忘岁月”，学姐缓缓地说：那个时候，脑子里就只有一件事情，那就是一定要考上研究生，一定要去大洋那边的澳洲看看。为此，她放弃了很多，别人在外面玩的时候她在看书背单词，同学去外面聚餐时，她在图书馆做相关的练习和真题。周末是大家紧张学习了一周后的放松时间，不过对她来说周末就是补习的开始。学姐说要从一种放松的状态下紧张起来是一件十分不容易的事情，当习惯周末睡到自然醒，慢慢起床吃早点，回到寝室看韩剧，下午逛逛商业街，习惯了这种相对轻松的生活以后，再回到那种拼命学习，一分一秒地抓紧时间的状态里面，若没有坚强的心态，整个人都会崩溃的。

刚开始准备考研的时候，有太多的诱惑让你静不下心来，机械性的程序记忆让你不由地重复以前的事情，习惯性的打开美剧的网页，习惯性的周末想着出门，习惯性的打开手机看看消息刷刷微博。一个下午都看不进去一章的专业知识，笔握在手里，草稿纸上确是一片空白，人在图书馆里，心却飘到了图书馆外面。为此她也绝望过，彷徨过，有时候甚至想要放弃考研的念头。可是每到这个时候，她都会去想在遥远的澳洲，那里有一群可爱的袋鼠，有憨厚的考拉，有不一样的生活，不一样的风景，甚至去了那里就会有不一样的人生。她选择了跟自己较劲，逼着自己不断学习，她卸载了手机上几乎所有的 APP，除了有关单词，有关学习的。她拒绝了所有几乎与考研无关的娱乐活动，她把自己关在图书馆里面，整日与书为伍，宿舍、上课、图书馆，三点一线的日子枯燥而乏味，没有毅力，没有强大的内心是没法坚持下来的。一根弹簧在长期经历了松弛的状态，再让它绷紧恢复弹性，这本身就需要比最开始更大的力量。

数学一直是学姐不太擅长的一科，可能是女生对数学的敏感程度不够，也可能是以前的数学基础不太好。她说，每次一提到数学，她就感觉到头疼，但是她准备攻读的是悉尼大学的商业硕士，对数学的要求就更高了。所以在准备做考研准备的时候，她每天都要练习大量的数学题，微积分常常是一道题花费一个下午的时间。在她最疯狂的时候，有时候晚上躺在床上闭上眼睛，头脑里呈现的全是各种各样的公式数据，各种的演算步骤。学姐说，在那段恶补数学的日子里，她几乎做了各个省市有关商业硕士考研真题里面的所有数学题。功夫不负有心人，在考研的时候，数学没有给她拖后腿。

学姐因为要去国外，除了平时专业课要学习，还要去了解当地人的风俗习惯，当地的历史文化，对澳大利亚的政治历史也要有一定的了解与认识。为此杨若兰学姐还翻阅了不少澳州的经典著作，对当地的人文历史有了一定的认识。

成都的夏天，天气炎热而潮湿。在一个周末，学姐仍坚持来到图书馆，图书馆虽然不热，但炎炎夏日还是带来了满满的睡意，也可能是因为太过疲惫，也可能是窗外的阳光太过于刺眼，她趴在桌子上睡着了。等她醒来，已经是下午快六点了。走出图书馆想要去吃晚饭，走到苹果湖，她看到红红的太阳光静静地洒在水面上，树上的蝉鸣也不再那么刺耳，湖边的长椅温馨舒适。她坐在湖边的长椅上，感受到了夏日傍晚难得的宁静，喧嚣和炎热已渐渐散去，湖水把图书馆的影子拖得很长。此情此景，让她想到了更多：夜幕不久后将会再一次拥抱大地，喧闹和浮躁终究会在皎洁的月光下化解，转眼就将会是新的一天。就在那一刹那，学姐更加坚定了自己的想法，她想要那张去悉尼的机票，想去看看那个神秘的国度；她想要去拥抱悉尼，拥抱那座举世无双的歌剧院；她想走进悉尼大学，和喜爱的商学专业牵手同行。

学姐很感谢在她考研的时候系上对她的支持，给她出国提供了很多的便利条件；她还十分感谢身边的同学，为她解决了很多的后顾之忧，帮她做了许多后勤工作，这让她能专心考研，一心一意地学雅思、刷分。虽然学姐读的是国际汉语专业，但她的强项是英语笔试，是在试卷上写下正确的答案。对于口语和听力部分实在是有些惭愧。为了尽快提高英语的口语和听力，她还坚持每天收听 BBC 的新闻和观看 TED 演讲，不断扩大自己的单词量。英语对她来说不仅仅是试卷上的分数，更是以后在国外生活学习的基础。日复一日，月复一月，每天早晨，在“莫名塘”边，都能看到一个瘦小的身影拿着书，背着书上的单词，大声地读着英语的文章。日子一天天过去，距离考研的日子越来越近。终于熬到了考试的那天，在走进考场之前，学姐仿佛看到了自己高考时的影子，她暗暗下定决心，这次考试一定要成功，不辜负那个炎热的季节，不辜负自己辛苦的付出。在最后的考试中，学姐英语雅思考出了 7.5 的好成绩。

采访小记

第一次拿到杨若兰学姐的联系方式内心还是比较紧张的。非科班的我对于这一切采访和记录都是陌生的，忐忑之余更多的还是期待，期待在采访的过程中能学到一些东西，也能知道一些异国生活的感受。第一次交流，杨若兰学姐十分亲切，思维敏捷，逻辑清晰，时间过得很快，顶着三个小时的时差，学姐要休息了，第一次交流也很快就结束了。通过后面的聊天，跟杨若兰学姐也慢慢熟悉了。我也不再拘束，不再机械性地问问题。我们聊旅行，聊摄影，聊美食，聊的话题都很投机，发现之前所有的担心都是多余的。杨若兰学姐告诉我，出国并没有那么神秘，不过出国真的可以把这个世界缩小，以前觉得高不可攀的，现在依旧是，但是不会陌生了。可能是因为学姐从小学到初中一直是班里的学习委员，上了高中成绩也好，加之学姐的性格温和，所以班里的同学都喜欢和她一起交流学习和生活上的问题，可能正是长期的坚持与历练，为她今日在异国的求学生活带来了很大的便利。

机票带着梦想去了远方，信念和坚持将会把前面的道路照亮。

把学习当作一种习惯

——访暨南大学硕士魏海童

执笔：2014级行政管理专业彭梵

指导教师：王大江

2011级新闻学专业：魏海童

少付出少收获，多付出多收获，不劳动必定无获！要想取得理想的成绩，勤奋至关重要！只有勤奋学习，才能成就美好人生！

——题记

大学是孕育硕果的地方，在这里，大学生从青葱走向成熟，从无知走向博学；在这里，大学生会找到自己未来的定位，找到属于自己的人生舞台；在这里，大学生通过各种讨论和交流，在比较和择取中将人类社会积累的丰富经验和智慧内化为自我成长的重要组成部分，进而改变自身的命运。美国耶鲁大学校长理查德·雷文认为：“大学的责任是教育、引导、塑造更广阔世界的价值观，使其能够激励学生的潜能全面开发。”对于大学生来说，这样一种积极向上的精神氛围，会潜移默化地注入他们的心灵世界，融入他们的血脉之中，筑成他们的精神内核，形成以使命感为导向的持续性的学习动力。大学毕业以后想继续学习，考研无疑是一条必走之路。

锦城岁月，弥足珍贵

2011 年 9 月，魏海童学姐来到了四川大学锦城学院，来到了文学与传媒系新闻专业这个温暖的大家庭，和大多数刚从高中重重高压下面逃出来的学生一样，刚到大学的她也有着对大学无限的期望和憧憬。学姐在大学里，认真学习各种专业知识，各科成绩都是优良。为了锻炼提高自己的综合素质，她还积极参加学校的各种社团活动。大一时，她加入了团总支的女工部，经过团总支一年的锻炼，学姐学到了很多东西，无论是在生活上还是在工作上都给老师们留下了很深的印象，都觉得她是个很有礼貌，很温暖的女生。与此同时，学姐又加入了系上的彼岸传媒广告公司实训平台，这也让她学到了很多网络技术上的东西。

时间过得很快，转眼间就到大三了，同学们都开始为自己的未来做打算，魏海童学姐也不例外，面对就业和考研，她实在是难以抉择。于是她请教了自己的辅导员老师，通过和家里人的商量，再仔细想想自己身上的优势和劣势，最后决定要考研。她还想在学校里多呆一些时间，多读一些书，多学一点知识。正是这个简单的理由让她决定报考暨南大学传播学硕士研究生。暨南大学的新闻与传播学院是暨南大学研究生学院里面的一个老资格学院，要考上这所学院的传播学硕士研究生，并不是一件容易的事。但既然做出了选择，就应该义无反顾，按照自己的兴趣所在，坚定走下去。

仰望星空脚踏实地

做好了决定之后，魏海童学姐立马报了一个新东方的考研英语培训班，大致了解一下英语的题型、考试方法等。接下来的每个周末，对于魏海童学姐来说，除了换个地方上课之外没有什么变化。学习考研英语的日子单调而乏味，没有毅力是根本坚持不下来的。这个时候她十分感谢自己父母的支持和鼓励，在准备时父母没有给她任何压力，能考上当然好，能更专注地学习自己感兴趣的东西；考不上也没什么丢人的，多积累点知识也没有什么不好。在这种轻松的氛围里，学习的效率也相应地提高了很多。同寝室的学友也给她考研给予了极大的鼓励，告诫她要调整好心态，一个良好的心态决定了你能走多远。学姐说，自己在大学生活中最重要的收获之一，就是收获了可爱的室友，几个互相帮助、互相支持的可爱小伙伴。

在与魏海童学姐的交流过程中，学姐提得最多的就是喜欢读书，喜欢思考。大学毕业找到工作了，可能就不会有哪么多时间静下心来看书了。要考上研究生就必须抽更多的时间去看书，只有一定量的阅读，才能对所涉问题有更深入的思考。学姐说她从小时候就比较文静，属于在公共场合说话都会脸红的那种人，所以与书为伴时间比较多，特别喜欢翻开书，闻闻纸张和墨迹的味道。

因为有一种良好的心态加上能够静得下来的性格，学姐的考研过程相对来说还算比较轻松，不算煎熬，但是如果说没努力，没吃苦，是不可能的。她每天都会把自己要做的事情和要完成的学习任务安排好，一切按部就班地去完成，看专业书，做政治英语真题，整理历年专业课的考试题。为了保证学习效果，她晚上从不熬夜过 12 点，早上也没有在 5 点以前强迫自己醒来。学姐说在准备考研的时候养成的一些习惯让自己在读研的时候轻松了很多，研究生学习更强调独立性自主性，除必修课外，其余课程都可以自己选择，除研一上期外，课程较少，课余时间很多，要看自己如何更好地利用。因为喜欢读书，所以在读研期间每周一次的读书会成为了学姐最喜欢的活动。刚开学的时候导师会开出书单，给我们一些读书的建议。而学姐认为，现在都研究生了，无论是学习还是研究都比本科生要深入很多，这也要求必须增加自己的阅读量，所以除导师开列的书单外，她还会根据自己的兴趣爱好，尽量再多看一些书。同专业的研究生每周会抽时间聚在一起，讨论这星期看书的收获体会，导师都会参与交流、答疑解惑，这可能是学姐最喜欢的学习氛围了。学姐说，如果可以的话，她愿意一直生活在这种环境中。在最开始的一段时间，学姐甚至想过要跨专业考研，她想考英语的硕士学位，但是想了一下英语硕士学位要考专业英语八级，现在准备可能时间不太够，所以放弃了。

说起读书，学姐又说起在大一的时候，学校要求读百家经典，系上也列出了文学与传媒系各专业的必读书目。因为看过这些必读书，对她考研和后面的复试面试都有相当大的帮助，她的考研成绩和面试回答都让导师相当满意，所以被顺利录取。而在回答，“大学中存在着考研报名 100%，复习坚持到最后的只有 80%，上考场的只有 60%，真正考完最后一门的只有 50%”的问题时，学姐笑了一笑说道：“选择了考研，就给自己一个心动的理由吧。每个阶段都会有人陪你走上一段路途，但是他不可能陪你走完这段路，路途总是孤独的，在这个独孤的旅程中，你要学着让自己坚强，要学会一个人的时候也能笑着看身旁的风景。但人生就是这样，在不断告别中成长。既然选择了远方，那么就不要犹豫，风雨兼程吧。”学姐的这一席话，透露出她内心蕴藏着强大的一股力量，虽然表面文静、温柔，骨子里面确有着一种倔强和不服输的精神，一个有着强大内心的人，是不会被困难所压倒的，也是不会轻易认输的。正是这种精神，支配着学姐在考研路上不断前进，不断成长。

把握方向，扬帆远航

在和学姐的交流时，学姐问我想不想要考研，去更高的学习平台深造。因为自己的英语不太好，加上自己对视频剪辑和拍照比较感兴趣，所以告诉学姐我已经决定大三以后就开始找实习工作，不准备考研了，虽然学校的生活对我很有吸引力，但是我还是想要去外面闯荡一下，最近正在积极学习 AE 和 C4D 两个软件，希望以后能从事这方面的工作。学姐说：“考研也不能盲从，找准好自己的感兴趣的地方和自己比较擅长的东西才是关键，多花时间在自己感兴趣的事情上是一件好事。出去工作是对自己独立生活的又一次锻炼，规划好自己的人生，制定好目标比什么都强。因为我喜欢读书，喜欢很纯粹的那种学习氛围，所以选择了考研。同学们如果有进一步做学术研究的热情，愿意更深入地研究一些自己感兴趣的课题，想有更多的时间读书的话，可以选择考研。”她同时告诉我，因为自己的专业是传播学，而今后的社会是一个“动”起来的社会，图片宣传的效果往往没有视频的效果来得直接，能抓住人的眼球。随着互联网的发展，各种互联网 + 的加入，各种社交平台的日益完善，短小有趣的视频会很有市场，也可能成为以后视觉设计的一个大的趋势。现在是一个快节奏的社会，视频太长许多人不能坚持看完。但越是短小的视频更需要好的文案与策划，在短时间里能抓住人们的眼球是一门很深的学问。所以她叫我不要仅仅满足于学会一两门软件，更多的时间应该放在对视频整体的一个把控上，如何用创意思维做出一个视频才是我现在应该多花时间去研究的，软件永远都是死的，只有创新思维的人才能把死的软件用活。对于学姐的经验之谈，我会牢记在心。

静心沉淀，顺应内心

学姐说要做一个顺应自己内心的人，按照自己心声去做事，因为自己是一个喜欢安静比较宅的人，所以平时在闲暇时间喜欢呆在寝室里面看看书看看动漫电影之类的，过得简单而惬意。这种生活状态可能在别人眼里会有一点无聊甚至是乏味，但这就是自己内心的声音。每天都能有一种积极向上的心态，让自己保持一定的阅读量，坚持终生学习。因为当今社会信息技术的进步对社会的发展产生了极其巨大的影响，其影响波及到社会的各个领域，虽然要精通一门学问，但是学习和了解各方面的知识也是必不可少的。现在互联网发展迅速，想学的东西基本上在网上都能找到资料，这为我们终生学习提供了良好的资源和平台。人一旦养成了不断学习的习惯以后，那么学习就会变成一种很愉快的事情。

在采访交谈中，学姐说她特别喜欢英国19世纪伟大的道学家、作家塞缪尔·斯迈尔斯说过的一段话："古往今来，好书总是人们最好的朋友，这层关系，相信永远不会改变，因为它是一个最有耐心，最令人愉快的良友，它绝不会在患难时背弃你，它对你永远是那样亲切。年轻的时候，它教导你，使你从中得到乐趣；年纪大了，它又时时安慰你，鼓舞你。"规划好人生每个阶段需要看的书，突破读书的瓶颈，找到学以致用的读书方法，订购、收藏图书、报刊、并逐步建立自己的"家庭图书馆"，这是学姐规划中的个人读书生涯。

这次采访魏海童学姐让我学到了很多东西。要学姐那样在这个日益浮躁的社会环境下，静下心来做自己的喜欢的事情；每天坚持读书，保持一定的阅读量，坚持学习，把学习当作一种习惯；做好自己的事情，做好人生的规划，按照规划踏踏实实做事，静下心来钻研才是成功的关键；要能忍受住寂寞，也要在自己选择的道路上坚持不懈地走下去。榜样的力量是无穷的，我们相信有如此优秀的学姐做榜样，我们一定能看到远处更美的风景，一定能取得更好的成绩。

秦天晴天

——访四川大学硕士秦天

执笔：2015 级新闻学专业王海燕

指导教师：宋玲

2012 级新闻学专业：秦天

在今年的研究生考试中，据四川大学文学与新闻学院 2016 年硕士研究生招考拟录取名单公布，全国报考四川大学文学与新闻学院各专业并被录取的学生共有 251 名，而他便是以初试、复试第一名的优异成绩成功通过四川大学研究生传播学编辑出版方向选拔考试的考研学霸。他就是秦天，四川大学锦城学院文学与传媒系 2012 级新闻学专业的学生。他不但成绩好，而且待人也非常和善，因此大家都很喜欢他并以他为学习的榜样。当我接到采访任务，得知采访的对象是他时，我心里便充满了期待。因为周围的人对他的评价都如此之高，我也希望可以进一步了解他并且通过自己的记录让他的优秀去感染更多的人。

秦天如晴天

带着这份期待，我第一时间就加上了秦天学长的QQ。在QQ上我向他做了一个简单的自我介绍，他很亲切地叫我海燕。当我提及为何选报锦城时，他没有回答我这个问题，可是他却说：“海燕，你应该是要写好几千字吧，我们当面交流会好一些，QQ上很多问题说不清楚。”这句话并不煽情，可是我却很感动，原本忐忑的心瞬间涌入了一股暖流。最后我们约定3月3号中午在学校上善轩水吧碰面。那个时候我就猜想，他肯定是个阳光的男孩，他会把温暖传递给身边的每一个人。

终于盼到了约定的时间，我坐在水吧的角落，正要给学长打电话说我已经到了，他便走了进来。虽然是初次见面，但是我们一眼便认出了对方。他比我想象中胖了一点，因为在我的印象中感觉四川人应该是很瘦的。不过也正因为微胖的他，让我觉得眼前这个人更加的亲切。

那天的天气很好，阳光很暖，我们选择了边走边聊。他说着一口标准的普通话，让人根本听不出来他是一个地道的成都人。我们的交谈十分顺利，不到一个小时，他便把他大学四年的学习生活和这次考研的经历经验都分享给了我。

晴天里的阳光，让人感觉很舒适很温暖，正如秦天给人的感觉一样。

大学里印象最深的老师和课堂

大学四年的时间，我们会遇到许多形形色色的人，他们也许会给我们带来困惑，也许会给我们带来人生的启发，但不管怎样，我们都应该感谢他们，正是因为我们生命中遇到了这些人，才让我们逐渐成长，懂得了什么叫生活，什么是人生。

在秦天的印象中，大学四年给他印象最深刻的人是对他启发最大的杨震老师。他说生活中和杨震老师的接触并不多，杨震老师对他的启发，大多是在课堂上。

提及印象最深的一次课，秦天为我们分享的是杨震老师的课——“当代中国与社会”。当时他是和一个女生一组做关于中国领导干部任期制改革的课堂报告。杨震老师要求他们必须要有大量的知识储备，然后再用他们自己的语言总结成报告，最终做成一个 PPT 在课堂展示。为了完成这个报告，他们提前了一个月去搜集大量的资料，比如说《邓小平文选》《治理中国》《中国政府结构》等一些具体的文献。当时学校的图书馆没有《邓小平文选》一书，他们还是去的电子科大图书馆借的。经过一系列的准备，在课堂上给同学们讲解时也觉得得心应手，同学们听后反响也很好，都表示这次讲解能够让他们对中国领导任期制有一个比较深入的了解。最终也获得了杨震老师以及同学们的认可。秦天说，做这个报告他们付出了很多心血，只为了课堂上那十几分钟的展示，也许在别人看来根本是小题大做了，不值得，但是对他们自己来说却是未完收益颇丰的。

这种让学生在课下作报告课堂演讲的形式被称之为“翻转课堂”。翻转课堂是四川大学锦城学院为了提高课堂教学质量提出的新型的教学模式。这种模式能够让学生更多地去自主学习，自主思考，同时也能培养学生的演讲能力。

秦天说，作为文传学子，写和说很重要，正如毛爷爷所说，文学与传媒系要打造“以写作为核心竞争力的技术性文科型的复合型的人才”。要利用好翻转课堂，培养自己的演讲能力，不要当作是一种负担。

秦天学长对待学习的认真态度，让我深有感触。做任何一件事情，首先要摆正自己的心态，在别人看来不值得的事情，也许对我们来说弥足珍贵。这个世界上没有感同身受，不是所有人都能理解我们所做的事情，不必去在意别人的眼光，只要我们自己觉得值得，就坚持做下去吧！同样，我们对待别人也应该持一种可以不理解，但必须尊重的态度。

日夜准备，就为那一刻梦想绽放

大学里的秦天无论是在学习、生活，还是为人处事方面都得到了辅导员刘武老师的高度赞扬。现在的他如此优秀，我想他高中的表现也应该不会差，考取一本院校问题应当不大，但是为何会选择就读锦城呢？当我问及这个问题时，学长告诉我，其实他高中时的成绩是不太理想的，选择锦城，还是经过了多方面的了解后才慎重决定的，第一志愿就是填报的四川大学锦城学院文学与传媒系新闻专业。选择新闻专业，一是因为自己本身喜欢新闻，二是因为父亲是公务员，平时就让自己和他一起关注新闻时政，培养了自己的新闻素养。家庭是人的第一所学校，家人的文化水平、兴趣爱好对孩子的影响是至关重要的。

谈及考研，他说，之所以会选择考研，也是认为自己高考成绩不理想，没能考上一所重点大学，现在在锦城有了这个机会，就应当努力去实现自己未完成的梦想。于是他从大一就开始了解考研这件事情，并且一直在关注每年的考研动向。文学与传媒系历来对考研都非常重视，每年都会给有意向考研的学生安排免费的英语补习班，还会安排老师介绍每一届的考研情况，并且会邀请往届考研录取的学生过来做一个分享会，全方面的为考研学生排忧解难。系上对考研的重视，更加让他坚定了考研的信心。他说，正是因为锦城的培养，才成就了今天的他！

如果问正处于大一阶段的我们高考备考期的感受，相信很多人会说很累很辛苦，但是说起考研，似乎还很遥远，无法体会到考研学子为梦想所付出的艰辛和汗水。通过与秦天学长的交谈，我才知道考研这条路有多难走。如果不懂坚持，不能吃苦，那么必定会失败。

当学长跟我分享他考研如何准备时，我看到他的眼中有一份坚定，似乎告诉我那段时间的他虽累但幸福。大三开始，他就全身心投入到考研复习中。在大三下学期报了一个新东方的英语基础培训班，暑假报了一个英语提高班和政治提高班，九月份到考前就一直在图书馆复习，每天大概十个小时，早上复习专业课，下午复习英语，晚上复习政治，每天都是如此。

四个月的复习之所以会选择去图书馆，他认为在一个相对陌生的环境里才能静下心来学习，如果在寝室复习，没有氛围。图书馆周围的人都在看书学习，也会对自己形成一种激励。

每天在图书馆里复习十个小时，这需要多大的恒心和毅力啊，又有多少人可以坚持下去？在我满脸惊讶的时候，他说如果真正下定决心想考研，那么从九月份到十二月份能够在图书馆里坐下来安心复习，做好计划，按时按量执行，如果能够有这样的恒心和毅力，那么你就成功一半了。

对于很多人来说，每天在图书馆十个小时重复做一件事情，实在是一种煎熬，就算能够坚持十个小时，也无法做到有效率有质量地复习。如何培养这种长时间静心学习的意识呢？秦天说特别是对于要考研的同学，复习去图书馆无疑是一个最好的选择。从未在图书馆学习或者是偶尔去一两次，自然就无法坚持每天在那里十个小时的复习时间。以前不喜欢去图书馆，去了也坐不住，那是因为自己没有目标，没有动力，没有方向。一旦你决定了考研，就要给自己一个动力，不断提醒自己。如果这是你一直以来的梦想，而你下定决心今年一定要考上，不想再来第二次第三次，不想中途放弃，就要不断地告诉自己，既然花了这么多时间、精力在这件事上，就一定要让自己的努力得到回报。如果能够考上，那么我的眼界、我的学识、我的未来、我的平台都会有一个很大的提升。这样的话你就不会觉得考研是一件很痛苦的事情，而是一件能够让你成长进步的事情。要相信量变最终会形成质变。

“每天都这样循环往复地复习，其中有没有比较特别的事情发生呢?”我问道。他说：“早上复习专业课，下午复习英语，晚上复习政治，每天都重复做这三件事，只是复习内容不太一样，不会说哪天对我来说有特别之处。在这期间，变化最大的就是我会发现自己的进步。比如说之前做英语阅读错五道题，经过不断地复习总结，后面错误率就会越来越低。在图书馆的这四个月里，我所有的课程都重复复习了四遍。”

如果说初试第一的成绩来自于秦天自己的努力成果，那么复试第一的成绩便来自于文传的悉心培养。四川大学锦城学院文学与传媒系致力于培养泛媒体时代以写作为核心竞争力，以网络技术为重要辅助手段的技术型文科人才。要求文传学子在大学四年读完要求的必读书目、写 40 篇文章、听 30 场讲座、参加一个校内模拟实训平台、普通话达到二甲水平、英语四级、计算机二级等。对于这些要求，秦天每一项都努力完成，并且都取得了优异成绩。

我一直以为考研复试只有面试，但是采访了秦天才知道，复试包括笔试和面试。复试的笔试比初试考的内容更加的灵活，发散性的问题比较多。比如请你从中央供给改革的相关政策中为中国的新闻出版产业提出自己的想法和建议。那么你就要了解供给改革的内容以及新闻出版的现状，从这两者中找到契合点，才能很好地问答这一问题。

考研面试，考官看中的是考生的精神面貌和专业素养。四川大学的考官不会提前设置问题，都是在你面试的时候通过与你的交谈临时设置问题来考察你的灵活性。

参加复试时，秦天带去了自己的文集、简历以及在实训平台的青年观察报编辑的报纸。文集是做成了一本书的形式，当时考官就问他的这本书是由自己来编辑的，还是说里面的文章完全是由自己写的。他说在这本书里的 44 篇文章大约 10 万字都是他在大学期间自己写的。这些报纸也都是自己在系上的实训平台亲自采编的。当时考官对他的印象非常地好，频频点头。他说包括在后面的英语面试中也都没有太为难我，没有听懂的词考官还用中文提示他。

秦天说要感谢文传，正是文传提出的这一培养目标，让他在大学有了奋斗的方向，最终才能够在复试中脱颖而出。

对于考研最终取得的优异成绩，他只是说努力没有白费，感到非常欣慰，并没有过多去评价，而是说了这样一句意味深长的话：如果你想达到百分之百的成功，就必须付出百分之两百的努力，只有这样才能确保最后的成功是属于你的。这句话里，包含了他多少的努力和汗水，言语是无法表达出来的，恐怕只有他自己才能够真切地感受到。

从秦天的讲述中，我们可以看出他考上四川大学，并不是一个偶然的结果，这是他四年的一个积淀，是四年来各方面全面发展的结果。

世间万物在经历风雨后总会看见美丽的晴天，而秦天也最终迎来了属于他的晴天。正是因为他长期的坚持和努力，梦想最终绽放！

致亲爱的学弟学妹

即将毕业的秦天，想对锦城的学弟学妹们说，特别是对于新闻专业的学生，除了精读专业有关的书籍以外，还要多看政治文化类的书籍，要多了解中国时代发展的脉络和轨迹，比如傅高义的《邓小平时代》一书，可以让我们形成一个历史的构架，对新闻专业的学习很有帮助。

大学四年，说长不长，说短也不短，好好规划你的四年，必将收获硕果。大一多参加一些活动，让自己尽可能多地上台当众演讲，锻炼自己的心态和演讲能力；大二选一两个自己喜欢的部门留下来锻炼自己办事的能力；大三要确定自己的目标，是考研还是参加工作，不要迷茫到大四才着急；大四的时候一定要为自己的将来做好打算，尽最大努力去实现自己的梦想。

要想成功并不难，把方法、坚持、时间、效率，四者结合起来去实践，那么你就离成功不远了。只要你付出百分之两百的努力，就会取得百分之百的成功。你必须非常努力，才能看上去毫不费力。任何一件事的结果和个人的努力程度是分不开的。

他说在未来三年的研究生期间会多搞学术，多学习英语，然后争取读博的机会。这样简单的一句话，得需要付出多少艰辛与汗水才能实现！这句话不仅仅是秦天对将来的规划，更是他对自己梦想的坚持。“读书人为天地立心，为生民立命，为往圣继绝学，为万世开太平”。他说这是引用张载的座右铭，这句话的含义也被认为是读书人所应担负的历史使命。对自己来说这是一生的追求，也许达不到，但会作为一个自己终生追求的事业去不断努力。这样坚持去做，那么自己的水平、能力以及人生的境界都会上升一个高度。

勤于业，思于行，他是我校文传系的考研学霸；坚持不懈，有梦想，有追求，他是学弟学妹们的榜样；尊师重道，奋发向上，他是锦城的骄傲……他就是秦天！

后　记

2015年《走出象牙塔》出版，时值四川大学锦城学院建校十周年。从建校起的一栋教学楼到现在师资、硬件设施作为西南地区首屈一指的独立高校，十年的不懈奋斗，锦城学院以先进的教育理念，向全国输出了各色人才，无论考研、出国、自主创业，锦城学子的自强不息凝聚在《走出象牙塔》中，得到了社会各界对于锦城学院教育的关注与首肯。

光阴似箭，锦城学院迎来了第十一载。年年岁岁花相似，岁岁年年人不同，光阴相似，人却不同。在这一年中，学院迎来送往，改革创新，持续为社会输出中坚力量。以锦城学院输出的优秀校友故事作为背景，汇集成全新的《中国梦引领下的大学生创新教育系列丛书》。其中，2016年7月《走出象牙塔　文传创业之星》已由天津大学出版社出版，目前《走出象牙塔　文传学霸》一书也将在2017年年初完成。

早自2009年6月开始，文学与传媒系学生科就跟踪、调查、联系、搜集该系2005至2012级的毕业生信息，从中挖掘出342位考研留学校友。2016年2月正式启动采访，从342位考研留学校友中，选出有一定代表性的校友25人作为采访对象，同时，从自愿报名的在校学生中挑选出17名担任采写作者，并匹配12名指导教师，历时四个月最终完成了25篇采访稿。在统稿阶段，曾瑜老师编辑11篇并完成了全书目录的编排、封面设计、印刷出版的相关组织衔接工作，同时起草《序》、修改《后记》。王婧瑜老师编辑8篇并完成了两个部分分类概要的起草。张琳老师编辑6篇并起草《后记》。

经过一年的合作和努力，《走出象牙塔　文传学霸》在多次修改、校对后终于面世。成书之际，我们对于本书在采写、编辑、校稿、印刷、出版等问世过程中，给予了大力支持和帮助的诸多朋友和校友，表示由衷的感谢！

特别要感谢天津大学出版社西南分社社长、首席策划编辑崔成山先生，在崔先生的鼎力支持下，本书作为高等院校考研指导教材如期出版。

文学与传媒系

2016 年 11 月

教学支持

2015 年政府工作报告将大众创业、万众创新列为我国经济增长的“双引擎”，国务院办公厅又先后下发若干推进“双创”的指导意见……可以说，我国已经进入新中国成立以来最佳的创新创业期。

四川大学锦城学院以“止于至善”校训自励，办“三讲三心”明德教育、“一体两翼”知识教育、“三练三创”实践教育。其中“五位一体”的创业教育更好地说明学校对创新创业教育的重视和支持，是积极顺应大众创业、万众创新的时代要求。

创新创业教育实质是“企业家能力”的教育，核心的提升个人的社会责任感、创新精神、创业意识和创新能力，将人才培养、科学研究、社会服务相结合，本套丛书写作的动因，即是此现实之需要。能有幸与四川大学锦城学院合作出版此套中国梦引领下创新教育系列丛书，实则是我西南分社的荣幸，“为作者出好书，为好书找读者”是天津大学出版社全体员工始终遵循的企业文化精神，我们将一如既往继续努力为社会奉献出更多更好的作品。

同时，也欢迎社会各界有出版意向的仁人志士与我处联系，或投稿或洽谈出版合作等，我们将为诸位提供更优质的服务或展示平台，期待您的来电。

通信地址： 天津市南开区卫津路 92 号天津大学出版社　分社办公室

邮　　编： 300072

电　　话： 022 - 27402661（总部）　028 - 86707829（西南分社）

E-mail： ccshan2008@sina.com

联 系 人： 崔成山